MIEUX MANGER AVEC NOS ENFANTS

À Marc, Sylvain, Cécile, Victoire et Florian
mes cobayes préférés

Du même auteur :

Petits plats pour femmes pressées, Zlatkine, 2003.
Petits plats pour mes amies, Zlatkine, 2004.

Sylvie Aubonnet-Caupin

MIEUX MANGER AVEC NOS ENFANTS

Illustrations de Richard Paoli

Albin Michel

Les droits d'auteur de ce livre sont entièrement reversés à

Asmae-Association Sœur Emmanuelle

Asmae-Association Sœur Emmanuelle est une organisation de solidarité internationale laïque. Créée en 1980 par Sœur Emmanuelle, elle agit en faveur des enfants les plus défavorisés dans 9 pays, dans les domaines de l'éducation et de la santé.

Les enfants des familles démunies sont régulièrement touchés par des maladies liées au manque d'hygiène et par différentes épidémies. Il est donc important de prévenir certaines maladies, de sensibiliser les familles à l'hygiène et de favoriser l'accès des enfants aux soins de base.

Au Burkina-Faso : prévenir les maladies et accéder aux soins

Dans les centres scolaires soutenus par Asmae, nous veillons à ce que les enfants assimilent dès le plus jeune âge les règles élémentaires d'hygiène. À l'école maternelle, les enfants disposent d'un point d'eau potable, se lavent régulièrement les mains au savon, se brossent les dents, apprennent à jeter les ordures dans une poubelle... Dans certains centres, ils bénéficient de soins de santé primaire.

En fonction des besoins, Asmae prend en charge les indemnités d'une infirmière, finance des équipements médicaux, des médicaments de base, du dentifrice, du savon...

La malnutrition des enfants n'est pas seulement due au manque de nourriture mais aussi à la qualité des produits consommés. Pour aider ces familles, il est important de leur transmettre les principes de base de la nutrition et de les aider à rester autonomes.

Aux Philippines : former aux principes de la nutrition

De nombreux habitants des haciendas de la région de Bacolod souffrent de malnutrition alors que des aliments présents dans leur environnement sont riches en propriétés nutritives, sans être coûteux. Asmae et son association partenaire philippine, SIMAG, ont donc organisé des formations à la nutrition à l'attention des mères.

Afin de favoriser une alimentation plus saine et de permettre l'indépendance de ces familles, Asmae finance également de petits jardins potagers. Elles peuvent ainsi cultiver leurs propres légumes plutôt que les acheter.

Asmae-Association Sœur Emmanuelle
26 boulevard de Strasbourg - 75010 Paris
Tél : 01 44 52 11 90
contact@soeur-emmanuelle.org
www.soeur-emmanuelle.org

TABLE DES RECETTES

INTRODUCTION

Le surpoids et l'obésité chez les enfants progressent de façon dramatique : 16 % des enfants étaient en surpoids ou obèses en 2004 contre 6 % en 1980 ! Une alimentation saine et savoureuse ainsi que l'activité physique sont les meilleurs alliés d'une silhouette harmonieuse et d'une santé florissante. L'objectif principal est de diminuer les lipides : les Français mangent trop gras. La perte de poids ou le maintien d'un poids stable passe par une diminution de leur consommation.

L'équilibre alimentaire s'apprend très tôt. Plus l'enfant aura pris jeune de bonnes habitudes, plus il aura de chances de les garder car il se souviendra des plats préparés à la maison. Il n'est jamais trop tard pour les acquérir. On peut progressivement changer ses (mauvaises) habitudes alimentaires et retrouver la tradition des repas équilibrés pris à heures régulières. Progressivement, vous allez préparer votre enfant à ce nouveau défi qui lui donnera le maximum de chances de rester en bonne santé et avec un poids normal.

Commencez par faire avec lui les tests proposés (voir pp. 16 et 21) afin de constater vos éventuelles erreurs, puis modifiez vos habitudes pas à pas.

Si votre enfant ne mange rien le matin, commencez par **réintroduire le petit déjeuner**, car c'est le repas le plus important de la journée.

Ensuite, introduisez petit à petit fruits et légumes dans son alimentation. L'idéal est d'aller jusqu'à **5 fruits et légumes par jour**, par exemple 3 légumes et 2 fruits.

Bannissez le grignotage car, entre les repas, les enfants consomment surtout des sucreries et des aliments beaucoup trop gras… Proposez à votre enfant un goûter équilibré pour qu'il ait encore faim au moment du dîner.

Encouragez également votre enfant à **bouger davantage** en commençant par aller à l'école ou au collège à pied par exemple, en se promenant en famille, en jouant dehors au lieu de regarder la télévision ou en montant les escaliers plutôt que de prendre l'ascenseur, etc.

Ce livre va vous aider à le convaincre qu'une nourriture saine peut être délicieuse et conviviale !

QU'EST-CE QU'UNE ALIMENTATION VARIÉE ?

Les composants des aliments sont classés en trois catégories de base : les protides, les lipides, les glucides. Mais un aliment peut être composé de plusieurs catégories (la viande, par exemple, comporte des protides et des lipides). Les aliments contiennent aussi de l'eau, du calcium, des vitamines et des fibres qui tous sont très importants pour la santé.

Les glucides 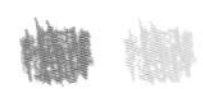

Les glucides, ou sucres lents et sucres rapides, sont un peu le carburant de notre organisme (comme une voiture a besoin d'essence pour avancer, nous avons besoin de glucides). Les glucides se transforment dans notre intestin en glucose qui nourrit toutes les cellules de notre corps.

• Les sucres lents 

Ils n'ont pas le goût de sucre ! Mais ce sont les meilleurs pour la santé car ils se transforment lentement en glucose. Le fait qu'ils soient digérés lentement permet de se sentir rassasié pendant longtemps. Du coup, on mange moins.
On les trouve dans les féculents et farineux : le pain, les céréales, les pâtes, le riz, la semoule, les pommes de terre, la farine, les légumes secs (lentilles, haricots secs, pois cassés), les bananes, etc. et dans les fruits qui, eux, ont un goût sucré mais sont néanmoins appelés « sucre lents » car ils se transforment également lentement en glucose.
On doit manger des glucides lents à chaque repas et surtout ne pas négliger les fruits. Un enfant (et surtout un adolescent) qui a toujours faim doit augmenter sa ration de glucides lents.

• Les sucres rapides

Ils ont un goût sucré et sont à limiter car trop rapidement transformés en glucose. Ils sont trop vite digérés, du coup on a rapidement à nouveau faim. On les trouve dans le sucre raffiné ou non, le miel, les bonbons, etc.

Les protides 

Également appelés protéines, ce sont les éléments bâtisseurs, ils permettent de fabriquer et d'entretenir nos muscles auxquels ils donnent de la force. On les trouve essentiellement dans la viande, le poisson, les œufs. On a besoin d'en manger 1 à 2 fois par jour.
Certains légumes secs (lentilles, pois cassés, haricots secs...) et fruits secs (noix, noisettes,

amandes…) ainsi que les laitages contiennent aussi des protides. C'est pourquoi les végétariens privilégient ces aliments et peuvent avoir une alimentation équilibrée et riche en protides. Ce qui n'est pas le cas des végétaliens (avec un L) qui, eux, refusent de consommer des laitages : ils manquent de protides.

Les lipides

Les lipides sont des corps gras qui servent de réserve d'énergie (ils sont un peu comme nos réserves dans nos armoires). Ils permettent d'apporter des molécules que notre corps ne sait pas fabriquer, ainsi que des vitamines. On les trouve dans l'huile, le beurre, la margarine.
Il y a aussi des lipides cachés dans de nombreux aliments. Par exemple dans la charcuterie, le fromage, les gâteaux, les biscuits, les fritures, etc.
On a besoin de consommer différents lipides chaque jour. Certaines huiles sont meilleures pour la santé que d'autres. On peut acheter des mélanges d'huiles qui apportent les acides gras et les vitamines nécessaires à notre santé. Les huiles d'olive et de pépins de raisin sont aussi excellentes ; on les trouve également sous forme de margarine. L'huile de colza est très bonne en assaisonnement, mais il ne faut pas la faire cuire. Le beurre apporte de la vitamine A. S'il est cru, il peut être consommé sans risques par les personnes qui ne souffrent pas d'excès de cholestérol. La graisse de palme, le saindoux et le gras animal (sauf la graisse de canard qui, elle, contient de bons acides gras) ne sont pas bons pour la santé, ils sont à limiter.
De nos jours nous mangeons trop de lipides, nous devons en diminuer la consommation. Ce sont eux principalement qui font grossir, surtout quand ils sont mélangés aux glucides (frites, hamburger, biscuits, gâteaux, viennoiseries, etc.).

Les laitages

Les laitages sont indispensables à notre santé car ils apportent tout le calcium dont nous avons besoin pour fabriquer et garder des os solides. C'est très important, surtout quand on grandit.
Il y a le lait bien sûr, mais aussi les yaourts, les fromages blancs, les petits-suisses, les crèmes dessert, les fromages.
Les laitages les plus intéressants au point de vue nutritionnel sont les plus simples ! Les laitages sophistiqués comme les mousses, les crèmes et autres inventions récentes, sont en général très gras et moins riches en calcium que les laitages classiques.
Il faut manger 3 laitages par jour, c'est-à-dire 1 par repas, y compris au goûter, l'important est de varier pour éviter la monotonie.

Les fruits et légumes crus 

Les fruits et légumes cuits 

Ils ne sont pas très riches en glucides, c'est pourquoi ils ne figurent pas dans les féculents. Ils apportent surtout des vitamines et des fibres et ils sont donc indispensables à notre santé. On doit les consommer à chaque repas pour une meilleure digestion. Il faut manger 5 fruits et légumes par jour (par exemple 3 légumes et 2 fruits). C'est important de les manger tantôt cuits, tantôt crus.

Les bananes, le maïs et les pommes de terre ne comptent pas comme fruits et légumes car ils sont très riches en glucides : on les intègre donc dans les féculents, c'est-à-dire dans les sucres lents.

Les fibres

Les fibres sont indispensables, car elles permettent de bien digérer, de ne pas être constipé et de rester en bonne santé. Les personnes qui ne mangent pas assez de fibres ont plus de risques d'avoir un cancer, une maladie cardio-vasculaire et d'être en surpoids.

On les trouve dans les céréales complètes (pain complet, riz complet, céréales complètes du petit déjeuner, etc.), dans les légumes secs (lentilles, haricots secs, pois chiches, etc.), dans les fruits (surtout les fruits secs comme les pruneaux, les figues, les abricots secs, etc.) et dans les légumes verts (poireaux, haricots verts, courgettes, carottes, épinards, etc.).

Les vitamines

Elles sont essentielles pour rester en bonne santé. Quand on a une alimentation variée et équilibrée, riche en fruits et légumes, en céréales et huiles, on a toutes les vitamines nécessaires. Elles sont aussi présentes dans les fruits et légumes surgelés ou en conserve.

Les suppléments vitaminiques dans l'alimentation ou sous forme de médicament n'apportent rien de plus si on a une alimentation variée.

Le fer

On le trouve surtout dans la viande rouge (contrairement à la légende de Popeye, le corps n'arrive pas à absorber le fer des épinards !). Quand on ne mange pas assez de viande on peut manquer de fer.

Certains enfants, beaucoup de femmes (surtout celles qui sont enceintes ou viennent d'avoir un enfant) manquent de fer ; ils sont alors pâles et fatigués. Le médecin surveille le taux de fer dans le sang et peut en prescrire sous forme de médicament.

L'eau

L'eau est indispensable car notre organisme est composé de plus de 50 % d'eau !
L'eau doit rester la boisson principale, aux repas et entre les repas (1,5 litre d'eau à boire par jour environ et davantage quand il fait chaud ou que l'on fait du sport).
L'eau du robinet est sûre, elle ne présente aucun danger pour la santé en France, car elle est très surveillée. Son goût n'est parfois pas très bon, cela ne veut pas dire pour autant qu'elle n'est pas potable. Pour lui donner un goût moins prononcé, on peut la mettre au frais ou utiliser des filtres.
Les eaux minérales sont riches en sels minéraux et peuvent compléter l'apport de calcium.
Les eaux de source peuvent aussi être consommées mais elles contiennent peu de minéraux, donc n'offrent pas plus d'intérêt que l'eau du robinet, sauf pour le goût.
Si vraiment votre enfant a du mal à boire de l'eau pure, vous pouvez lui proposer des eaux aromatisées sans sucre, de l'eau gazeuse, du thé léger, de la tisane…
Les autres boissons (sodas, jus de fruits, etc.) doivent rester des petits plaisirs que l'on s'offre de temps en temps.
Le lait est excellent pour les enfants, il appartient au groupe des laitages. On peut en boire souvent, mais dans le cas d'un régime alimentaire équilibré : il ne faut pas oublier que le lait apporte des calories.

CONSEILS POUR MANGER ÉQUILIBRÉ

Manger équilibré, c'est

– faire 3 ou 4 repas par jour ;
– prendre un bon petit déjeuner ;
– ne jamais sauter un repas ;
– ne pas grignoter entre les repas ;
– manger 5 fruits et légumes par jour (par exemple 3 légumes et 2 fruits), en alternant les fruits et légumes cuits et crus ;
– consommer 3 laitages par jour ;
– boire de l'eau quand on a soif : les sodas sont des boissons à garder pour les moments festifs ;
– manger au maximum 1 fois par semaine dans les fast-foods, et dans ce cas ne pas en manger à la maison ;
– accompagner la pizza ou le hamburger de salade et de fruits… et non de frites, soda et crème glacée ! Et, si possible, les préparer à la maison : une pizza, un hamburger, un croque-monsieur ou des frites au four seront beaucoup moins gras « faits maison ». Les gâteaux, pop-corns, bonbons ne sont pas interdits, mais doivent être mangés seulement de temps en temps : 2 fois par semaine sont un maximum !
– manger tranquillement, en mâchant bien, sans se précipiter sur la nourriture ;
– arrêter de manger quand on n'a plus faim… ou attendre 15 minutes pour savoir si on a encore faim. La sensation de satiété vient seulement 20 minutes après le début de la prise de nourriture. Le gourmand qui a toujours envie de se resservir ou de prendre de trop grandes quantités doit se poser la question suivante : « est-ce que si c'était un morceau de pain sec, j'en mangerais encore ? » Si la réponse est oui, c'est qu'il a encore faim. Si la réponse est non… c'est qu'il doit arrêter de manger ;
– bouger, faire du sport, jouer avec les copains dehors… plus on bouge, moins on grignote !

LE PETIT DÉJEUNER

C'est le moment le plus important de la journée, il va permettre à l'enfant d'être en pleine forme, de bien apprendre à l'école… et d'avoir de bons muscles à la récréation !
– 1 laitage (lait ou yaourt ou fromage blanc ou fromage) ;

– 1 féculent : du pain ou des céréales ;
– 1 fruit ou 1 jus de fruit frais.

Il peut prendre du beurre et de la confiture ou de la pâte à tartiner au chocolat sur les tartines, mais en petites quantités.

LE DÉJEUNER

– 1 portion de crudités ;
– 1 viande ou 1 poisson ou 1 œuf ;
– 1 légume vert ;
– 1 féculent (pommes de terre, pâtes, semoule, riz, pain, etc.) ;
– 1 laitage (fromage ou yaourt) ;
– 1 fruit.

LE GOÛTER

– du pain et du chocolat ;
– ou 1 bol de céréales avec du lait ;
– ou quelques biscuits et 1 laitage.

Mais éviter les viennoiseries. Il peut prendre 1 fruit ou 1 jus de fruit frais (sans sucre ajouté).

LE DÎNER

– 1 soupe s'il aime cela, ou des crudités ;
– 1 viande ou 1 poisson ou 1 œuf ou 1 tarte ;
– 1 légume vert ;
– 1 féculent (pas s'il prend 1 tarte ou 1 pizza, car elles contiennent déjà des féculents) ;
– 1 laitage.

Votre enfant mange-t-il bien ?

Faites ce test avec votre enfant. Examinez avec lui ce qu'il a mangé dans la journée. Analysez ensuite les résultats avec lui.
Vous pouvez faire ce test sur plusieurs jours, il sera plus intéressant.

Le matin, tu manges :

Rien
Uniquement 1 thé, 1 café, 1 tisane
1 bol de lait (avec ou sans chocolat)
1 laitage : 1 yaourt, 1 fromage blanc, 1 petit-suisse, 30 g de fromage…
1 fruit frais ou 1 jus de fruit
Du pain
Des céréales
1 viennoiserie (pain au chocolat, croissant…)
1 œuf, du jambon
De la charcuterie

Le midi, tu manges :

Rien
1 potage, des légumes verts cuits (haricots verts, carottes, épinards…)
1 portion de crudités (salade, tomate, concombre, carottes râpées…)
1 viande, 1 poisson ou 1 œuf
1 portion de féculents (pâtes, riz, semoule, pommes de terre…)
Du pain
1 pizza, quiche, croque-monsieur, hot-dog…
1 portion de frites, 1 portion de beignets
De la charcuterie (saucisson, pâté, saucisse…)
1 portion de fromage (30 g)
1 laitage (yaourt, crème dessert…)
1 fruit
1 gâteau
1 compote

Le soir, tu manges :

Rien
1 potage, des légumes verts cuits (haricots verts, carottes, épinards…)
1 portion de crudités (salade, tomate, concombre, carottes râpées…)
1 viande, 1 poisson ou 1 œuf
1 portion de féculents (pâtes, riz, semoule, pommes de terre…)
Du pain
1 pizza, 1 quiche, 1 croque-monsieur, 1 hot-dog…
1 portion de frites, 1 portion de beignets
De la charcuterie (saucisson, pâté, saucisse…)
1 portion de fromage (30 g)
1 laitage (yaourt, crème dessert…)
1 fruit
1 gâteau
1 compote

Au goûter, tu manges :

Du lait ou 1 laitage
Du pain avec du chocolat, du beurre et (ou) de la confiture
1 viennoiserie (croissant…)
Des biscuits
Des céréales
1 fruit

Dans la journée, pendant ou en dehors des repas, tu consommes :

1 verre de soda (cola, limonade, sirop)
2 verres de soda
3 verres de soda
+ de 3 verres de soda
De temps en temps : chips, cacahuètes, chocolat, biscuits, confiseries
Chaque jour : chips, cacahuètes, chocolat, biscuits, confiseries

RÉSULTATS

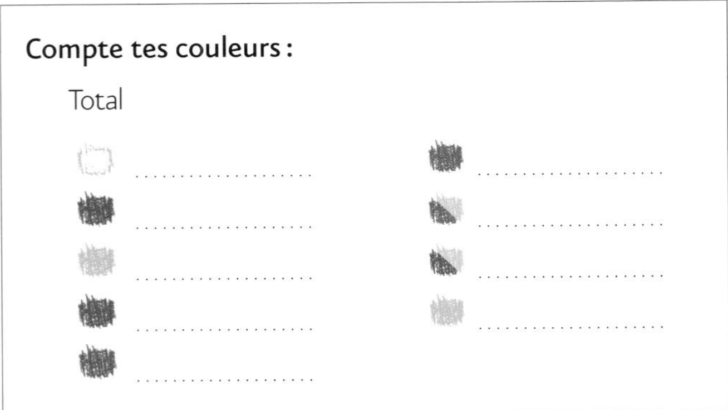

ou plus

Tu sautes des repas, ce n'est pas une bonne idée, ton organisme a besoin de manger au moins 3 fois par jour. Quand on saute des repas on a souvent des fringales et alors on mange n'importe quoi !

ou plus

Bravo, tu manges des laitages en quantité suffisante. Tu auras des os super-solides.

C'est bien, tu manges des laitages chaque jour… mais l'idéal serait d'en consommer 3 dans la journée.

ou moins

Ouille ! Ouille ! Attention, tu ne manges presque pas de laitage ! Il faut que tu en manges ! Goûte les yaourts à boire, les petits suisses, le fromage râpé… Si vraiment tu n'aimes aucun laitage, pense à boire de l'eau minérale riche en calcium, à manger du persil, du cresson et de la semoule plutôt que des pâtes ou du riz.

ou plus

Bravo ! Chaque jour, tu fais le plein de vitamines avec les fruits et les légumes crus.

C'est bien, chaque jour, tu manges 1 fruit ou 1 crudité. Ce serait mieux si tu en mangeais plus souvent (2 ou 3 par jour).

ou moins

Ouille ! Ouille ! Tu n'aimes vraiment pas la salade de fruits ? Les fraises ? Le jus d'oranges pressées ? La salade de tomates ou de concombre ? Il faut t'y mettre d'urgence ! Apprends à aimer les crudités, les fruits et consommes-en chaque jour.

ou plus

Bravo ; chaque jour, tu manges des légumes verts ou des fruits cuits ! Ils t'apportent des vitamines et aussi des fibres qui sont excellentes pour la digestion.

C'est bien, chaque jour, tu manges 1 légume ou 1 fruit cuit. Ce serait mieux si tu en mangeais 2 ou +.

Moins de

Ouille ! Ouille ! Tu n'aimes pas la soupe à la tomate ou aux légumes ? Les haricots verts ? La compote de pommes ? Il faut t'y mettre d'urgence ! Tu te sentiras en meilleure forme… et tu deviendras plus mince si tu as un problème de poids.

C'est bien. Tu as un apport suffisant en protéines de bonne qualité.

Moins de

Attention que la bonne viande ou le bon poisson ne soient pas remplacés par des protéines trop grasses, comme la charcuterie, les hamburgers, les nuggets…

ou plus

C'est bien, tu manges des féculents à chaque repas, tu dois être plein de « punch » mais n'oublie pas les fruits, les légumes et les laitages…

ou moins

Ouille ! Ouille ! Surtout si tu as un problème de poids, tu dois manger 1 féculent à chaque repas !

ou plus

Ouille ! Ouille ! Tu manges trop de hamburgers, frites, pizzas, biscuits, etc. Donc tu n'as plus faim pour les aliments pleins de vitamines comme les fruits et les légumes ou ceux plein de calcium comme les laitages. Allez, il faut vraiment diminuer les fast-foods !

ou moins

Ok, tu aimes bien les hamburgers, croque-monsieur, biscuits, etc. mais tu n'en manges pas trop. N'oublie pas les fruits et les légumes !

Ouille ! Ouille ! Tu choisis des viandes trop grasses chaque jour ! Pense à manger du jambon, du steak, des œufs, du poisson…

ou moins

C'est bien, tu ne manges pas trop gras.

ou plus

Ouille ! Ouille ! Tu bois trop de soda ou tu manges trop de choses qui font grossir et donnent envie de manger toute la journée…

Si tu grignotes trop, tu n'as plus faim au moment des repas… C'est le meilleur moyen de devenir obèse et plus tard en mauvaise santé.

Votre enfant a-t-il des risques de devenir gros ?

Faites ce test avec votre enfant. Amusez-vous à répondre avec lui à ces questions et comptez ensuite ses points. Il comprendra mieux sa façon de se nourrir.

1. Aujourd'hui, tu te trouves :

Normal ou mince
Un peu enrobé
Gros

2. Dans ta famille :

Ton père et ta mère (ou 2 membres de ta famille*) sont trop gros
Ton père ou ta mère (ou 1 membre de ta famille*) est trop gros ou l'a été
Tout le monde a un poids normal ou presque normal dans ta famille

* Frère, sœur ou grand-parent.

3. Tu manges des hamburgers, des frites, des pizzas, des nuggets, des hot-dogs*... :

Presque jamais
1 ou 2 fois par semaine
3 ou 4 fois par semaine
5 ou 6 fois par semaine
Chaque jour

* 1 part de frites = 1 point ; 1 pizza = 1 point ; 1 croque-monsieur = 1 point.

4. Tu manges des chips, des cacahuètes, des pop-corn, des bonbons... :

Très souvent, surtout devant la télé
3 ou 4 fois par semaine
1 ou 2 fois par semaine
Seulement quand c'est un jour de fête

5. Tu fais du sport en dehors de l'école (dans un club ou avec des copains : foot, vélo, roller...) :

Plus de 3 fois par semaine
1 ou 2 fois par semaine
De temps en temps
Jamais ou presque jamais

6. Au petit déjeuner, tu manges :

Rien ●

1 bol de lait (ou une autre boisson) et c'est tout ●

1 petit déjeuner avec du lait, des céréales ou du pain ●

1 autre petit déjeuner mais bien consistant ●

7. Chaque jour, tu manges :

Aucun fruit ●

Aucun légume vert ●

1 fruit ●

1 légume vert ●

2 fruits ou plus ●

2 légumes verts ou plus ●

8. Entre les repas (petit déjeuner, déjeuner, goûter, dîner) :

Tu grignotes jamais ou presque jamais ●

Tu grignotes de temps en temps (1 ou 2 fois par semaine) ●

Tu grignotes souvent (3 fois ou plus par semaine) ●

Tu grignotes chaque jour ou presque ●●

9. Tu bois des boissons sucrées (cola, soda, sirop…) :

Plusieurs verres chaque jour ●

1 verre chaque jour ●

1 verre de temps en temps ●

Presque jamais ●●

10. Tu regardes la télévision :

Jamais ou presque ●●

Moins de 1 h par jour ●

1 à 2 h par jour ●

2 h par jour ou plus ●

Très souvent ●●

Compte tes points !

● ....
● ....
● ....

10 ● ou plus

Tu es bien parti… Bravo ! Continue sur ta lancée ! Et parles-en à tes copains !

4 à 6 ● ou ●

Il y a des choses que tu fais bien… et des choses que tu fais moins bien… alors, relis tes réponses et commence par prendre 1 bonne habitude « verte », puis 2, puis 3…

7 ● ou ● ou plus

Ouille ! Ouille ! Urgence !

Si tu veux te sentir bien et rester en bonne santé, tu vas devoir changer tes habitudes alimentaires et te mettre au sport. Il n'est jamais trop tard pour réagir !

Écoute ce conseil : mets-y toi progressivement, et adopte de nouvelles habitudes les unes après les autres. Commence par la plus facile. Par exemple : introduis un légume à chaque repas, prends un bon petit déjeuner le matin, fais du sport et arrête les sodas.

Votre enfant est trop gros

Avant tout, vérifiez s'il est réellement en surpoids. Mesurez-le et demandez-lui de se peser. Puis reportez-vous aux courbes de corpulence pp. 27 et 28. S'il est trop gros et que vous souhaitez suivre l'évolution de son poids, le mieux est qu'il se pèse dans les mêmes conditions une fois par semaine : le lundi matin, par exemple, nu, à jeun et après être allé aux toilettes.

S'il a un peu (ou beaucoup) de surpoids, c'est le moment de prendre des bonnes résolutions et de revoir avec lui sa manière de vivre et de manger !

S'il est trop gros, c'est qu'il absorbe plus de calories (donc de nourriture) qu'il n'en dépense (en bougeant, en respirant, en dormant, etc.), et qu'il ne mange pas équilibré.

Les bonnes résolutions

- **Apprendre à votre enfant à être acteur** face à son problème de poids.
- **Diminuer les aliments gras et les produits sucrés (attention à ne jamais les supprimer).**

Les aliments gras sont les plus riches en calories, ce sont eux qu'il faudra diminuer en priorité. Il faudra aussi diminuer les produits sucrés (notamment les sucres rapides).

- **Prendre un vrai petit déjeuner.** C'est le repas le plus important de la journée. En effet, on a remarqué que, souvent, les gens en surpoids ne mangent rien ou presque rien au petit déjeuner. Ils se rattrapent en général le soir. Veillez à ce que votre enfant mange suffisamment au petit déjeuner.

Choisissez les céréales qu'il aime les moins riches en lipides (évitez les céréales fourrées, mais les céréales au chocolat sont autorisées). S'il préfère du pain et de la confiture, pas de problème, mais évitez les viennoiseries (croissants, petits pains au chocolat, etc.). Le pain sera d'autant meilleur pour sa santé qu'il sera riche en fibres, c'est pourquoi choisissez de préférence du pain bis (aux céréales, à l'ancienne, etc.). Évitez aussi les biscuits, même allégés ou dits pour le petit déjeuner, car ils sont bien plus gras que le pain ou les céréales.

Choisissez le laitage de son choix (lait demi-écrémé, yaourt, fromage blanc, fromage, etc.), mais évitez les laitages trop gras (yaourt double crème, fromage blanc à 40 % de matière grasse, par exemple).

N'oubliez pas de lui proposer 1 fruit ou 1 jus de fruit frais.

Rappelez-lui que, s'il mange à sa faim, il passera une bien meilleure matinée.

S'il n'a jamais faim le matin, c'est probablement qu'il mange trop le soir et trop tard. Il faudra donc le faire dîner plus tôt et surtout lui préparer un repas léger, plus facile à digérer.

S'il est vraiment incapable de manger tôt le matin, donnez-lui un en-cas : 1/3 de baguette avec 2 carrés de chocolat ou un peu de confiture, 1 laitage, 1 banane et 1 pomme. Choisissez ce qui lui fait plaisir mais qui sera nourrissant sans être gras. Il comprendra vite qu'il faut éviter les viennoiseries et les barres de céréales ou de confiserie.

Le déjeuner et le dîner

Rappelez-lui qu'il doit manger à sa faim : crudités ou soupe, légumes verts, poisson ou viande ou œufs, féculents, laitage, fruit. Il peut augmenter les aliments les moins riches en calories, les plus volumineux (qui donnent l'impression de manger beaucoup) comme la soupe, la salade, les crudités, les légumes verts cuits, les fruits.

Aidez-le à reconnaître et à choisir les viandes et poissons les moins gras, accompagnés de très

peu de sauce (ne pas trop en consommer le soir car la viande est difficile à digérer, pour le dîner, favorisez la viande blanche).
Faites-lui comprendre qu'il doit éviter au maximum les hamburgers, les saucisses et les nuggets. Et que, s'il « craque » pour un hamburger ou une pizza, surtout qu'il n'ajoute pas de gras (comme les frites) mais qu'il prenne des légumes verts.
Qu'il prenne l'habitude de choisir des féculents non gras (donc éviter les frites et les fritures). Apprenez-lui à sélectionner les laitages les moins gras en lisant les étiquettes (regarder les lipides pour 100 g) : par exemple, un flan au chocolat sera beaucoup moins gras qu'une crème au chocolat riche en crème fraîche. Préférez les desserts les plus simples : yaourts, fromages blancs, petits-suisses. Il peut ajouter des morceaux de fruits ou 1 cuil. à soupe de céréales, ce sera délicieux.
Prenez votre temps, avec lui, pour le repas. Installez une jolie table, mangez doucement, mâchez bien, savourez chaque bouchée et il verra bien vite que son repas lui semblera délicieux et abondant.

Le goûter

C'est son repas préféré, bien sûr !
Vous pouvez facilement lui faire plaisir : proposez-lui du bon pain frais avec 2 carrés de chocolat et 1 verre de lait chaud ou froid (avec du chocolat en poudre s'il le souhaite). Ou bien 1 grand bol de céréales avec du lait, ou encore 1 banane écrasée avec du sucre en poudre et 1 yaourt nature… Mais encore une fois, évitez les biscuits et les viennoiseries.

Les grignotages

Si votre enfant mange à chaque repas, il ne devrait pas avoir faim ni avoir besoin de grignoter. Mais les mauvaises habitudes sont souvent difficiles à abandonner, alors voici quelques conseils à lui proposer :

- respirer 10 fois profondément et lentement pour se décontracter ;
- courir dans le jardin ou grimper au dernier étage de l'immeuble et redescendre calmement ;
- s'il a vraiment trop envie de manger : boire 1 grand verre d'eau, 1 thé ou 1 tisane, manger 1 fruit, 1 morceau de concombre, 1 carotte entière, 1 laitage avec des morceaux de fruits, des galettes de riz recouvertes de fromage blanc…
- avancer l'heure du goûter, mais ne jamais manger deux fois ;
- sucer 1 bonbon sans sucre.

Chaque jour il va ainsi économiser quelques calories et, à la fin du mois, vous constaterez

ensemble qu'il aura un peu maigri, ou pas grossi alors qu'il aura grandi (donc il aura maigri puisqu'il aurait dû prendre des centimètres et des kilos).
Surtout, ne l'entraînez pas dans un régime où il se priverait de tout. Il tiendrait quelques jours ou quelques semaines, mais craquerait et regrossirait jusqu'à devenir plus gros qu'avant. C'est le phénomène de yo-yo.
Pour trouver sa nouvelle manière de manger, il va progressivement apprendre à aimer de nouveaux aliments; au début, ce sera difficile mais après il sera heureux d'avoir découvert de nouvelles saveurs. Et toute sa vie, il pourra se faire plaisir en choisissant bien ses aliments.

L'activité physique

Économiser des calories ne suffit pas. Votre enfant doit aussi faire travailler ses muscles le plus possible. Il doit bouger davantage!
Demandez-lui de réfléchir à toutes les situations où il pourrait s'activer un peu plus: monter un escalier à pied plutôt qu'en ascenseur, aller à pied à l'école, jouer au foot ou à la balle au prisonnier à la récréation, jouer avec les copains après l'école, s'inscrire à un sport, faire du vélo d'appartement, aller à la piscine ou faire du vélo en famille.
Il doit aussi regarder le moins possible la télévision: quand il est devant le petit écran, il ne bouge pas et souvent il s'ennuie… Alors il a envie de grignoter. Les jeux vidéo sont moins nocifs que la télévision, car lorsqu'on est concentré, on ne pense pas à manger.
Votre enfant va donc chaque semaine gagner des muscles et perdre des calories, ce qui qui lui permettra de trouver son poids idéal. L'important c'est qu'il poursuive ses efforts en se faisant plaisir.
Il mettra le temps qu'il faudra: peu importe si c'est 6 mois, ou 1 an, ou plus. Rappelez-vous que le but n'est pas de voir votre enfant maigrir mais de ne pas le voir grossir.
S'il a un gros surpoids, suivez tous ces conseils dans un premier temps, mais n'hésitez pas à vous faire aider par un médecin ou une diététicienne. Vous pouvez aussi prendre rendez-vous à l'hôpital pour enfants proche de chez vous avec un médecin nutritionniste.

Pesez et mesurez votre enfant régulièrement afin de créer sa courbe de corpulence. Comparez ensuite les résultats avec les courbes du Programme National Nutrition Santé. Si votre enfant change de «couloir» vers le haut, c'est un signe d'alerte.

Courbe de corpulence chez les garçons de 0 à 18 ans … p. 27
Courbe de corpulence chez les filles de 0 à 18 ans … p. 28

Courbe de Corpulence chez les garçons de 0 à 18 ans*

Nom : ______________ Prénom : ______________ Date de naissance : ______________

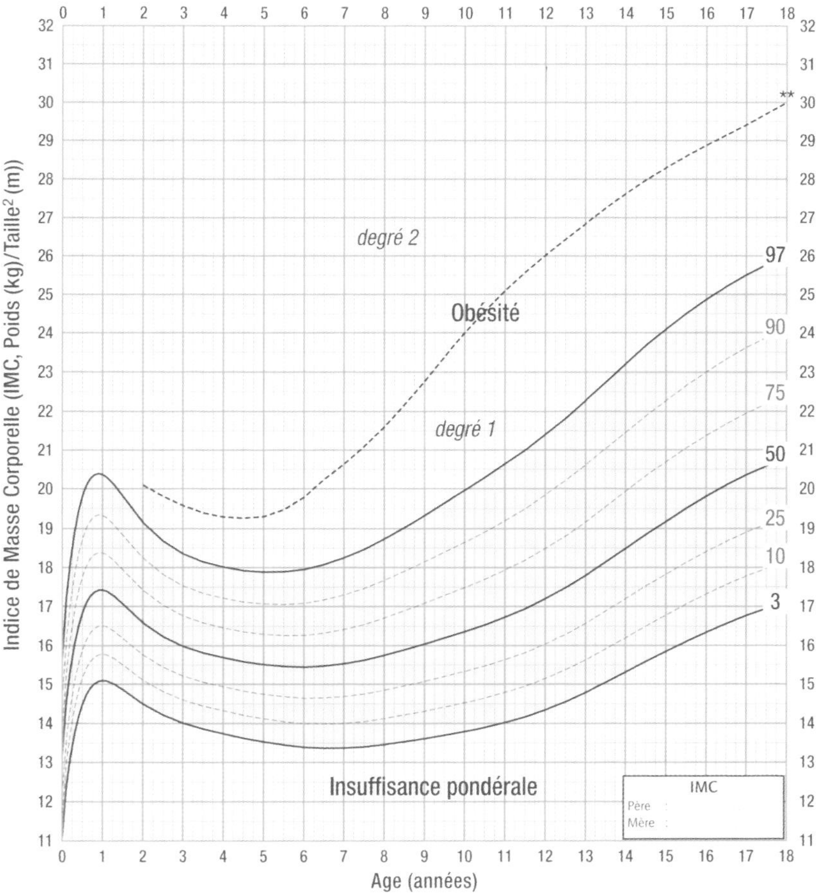

Indice de Masse Corporelle (IMC, Poids (kg)/Taille^2 (m))

degré 2

Obésité

degré 1

97 · 90 · 75 · 50 · 25 · 10 · 3

**

Insuffisance pondérale

IMC
Père :
Mère :

Age (années)

Pour chaque enfant, le poids et la taille doivent être mesurés régulièrement.

- **L'Indice de Masse Corporelle (IMC)** est alors calculé et reporté sur la courbe de corpulence disponible sur www.sante.fr. Il se calcule soit avec un disque de calcul, soit avec une calculette, en divisant le poids (en kg) par la taille au carré (en mètre) soit : $\frac{\text{poids(Kg)}}{\text{taille (m) x taille (m)}}$
- L'IMC est un bon reflet de l'adiposité. Il varie en fonction de l'âge. L'IMC augmente au cours de la première année de vie, diminue jusqu'à 6 ans puis augmente à nouveau. La remontée de la courbe, appelée rebond d'adiposité, a lieu en moyenne à 6 ans.
- **Tracer la courbe de corpulence** pour chaque enfant permet d'identifier précocement les enfants obèses ou à risque de le devenir :
  - **lorsque l'IMC est supérieur au 97ème percentile, l'enfant est obèse.**
  - **plus le rebond d'adiposité est précoce plus le risque d'obésité est important.**
  - **un changement de "couloir" vers le haut est un signe d'alerte.**

Courbe graduée en percentiles, établie en collaboration avec MF Rolland-Cachera (INSERM) et l'Association pour la Prévention et la prise en charge de l'Obésité en Pédiatrie (APOP) et validée par le Comité de Nutrition (CN) de la Société Française de Pédiatrie (SFP).

* Données de l'étude séquentielle française de la croissance du Centre International de l'Enfance (Pr Michel Sempé) - Rolland-Cachera et coll. Eur J Clin Nutr 1991, 45:13-21

** Seuil établi par l'International Obesity Task Force (IOTF) - Cole et coll. BMJ 2000;320:1240-3

www.sante.fr

Courbe de Corpulence chez les filles de 0 à 18 ans*

Nom : ______________ Prénom : ______________ Date de naissance : ______________

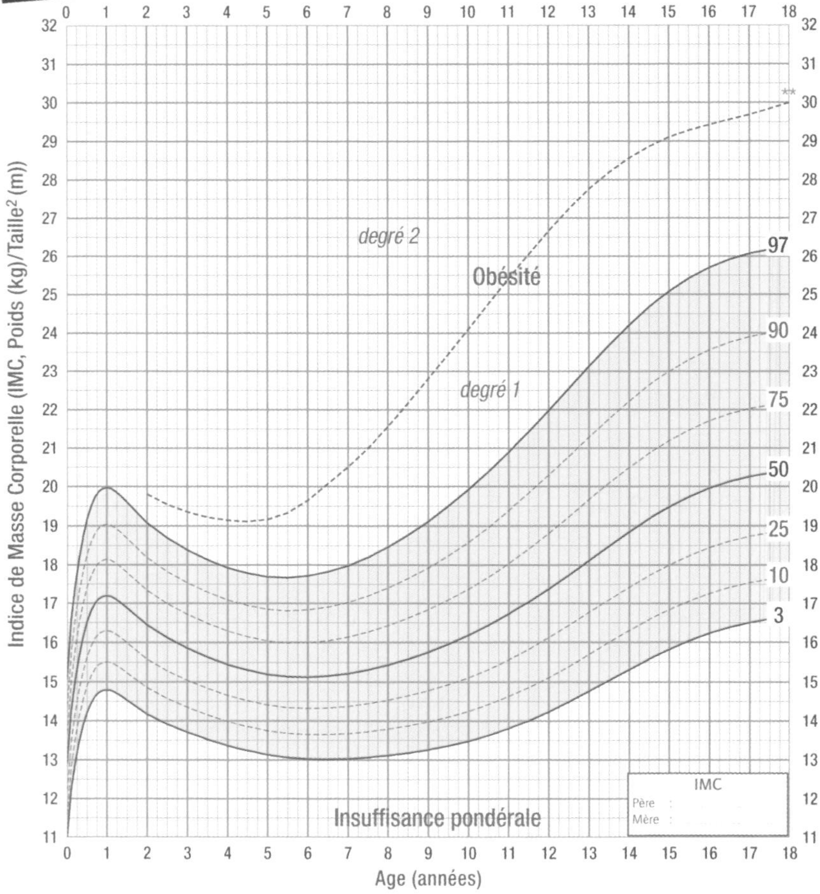

Indice de Masse Corporelle (IMC, Poids (kg)/Taille^2 (m))

Age (années)

degré 2

Obésité

degré 1

97

90

75

50

25

10

3

**

Insuffisance pondérale

IMC
Père :
Mère :

Pour chaque enfant, le poids et la taille doivent être mesurés régulièrement.

- **L'Indice de Masse Corporelle (IMC)** est alors calculé et reporté sur la courbe de corpulence disponible sur www.sante.fr. Il se calcule soit avec un disque de calcul, soit avec une calculette, en divisant le poids (en kg) par la taille au carré (en mètre) soit : $\frac{\text{poids(Kg)}}{\text{taille (m) x taille (m)}}$
- L'IMC est un bon reflet de l'adiposité. Il varie en fonction de l'âge. L'IMC augmente au cours de la première année de vie, diminue jusqu'à 6 ans puis augmente à nouveau. La remontée de la courbe, appelée rebond d'adiposité, a lieu en moyenne à 6 ans.
- **Tracer la courbe de corpulence** pour chaque enfant permet d'identifier précocement les enfants obèses ou à risque de le devenir :
  - **lorsque l'IMC est supérieur au 97ème percentile, l'enfant est obèse.**
  - **plus le rebond d'adiposité est précoce plus le risque d'obésité est important.**
  - **un changement de "couloir" vers le haut est un signe d'alerte.**

Courbe graduée en percentiles, établie en collaboration avec MF Rolland-Cachera (INSERM) et l'Association pour la Prévention et la prise en charge de l'Obésité en Pédiatrie (APOP) et validée par le Comité de Nutrition (CN) de la Société Française de Pédiatrie (SFP).

* Données de l'étude séquentielle française de la croissance du Centre International de l'Enfance (Pr Michel Sempé) - Rolland-Cachera et coll. Eur J Clin Nutr 1991; 45:13-21

** Seuil établi par l'International Obesity Task Force (IOTF) - Cole et coll. BMJ 2000;320:1240-3

MINISTÈRE DE LA SANTÉ, DE LA FAMILLE ET DES PERSONNES HANDICAPÉES

www.sante.fr

APPRENONS À BIEN ACHETER

Bien acheter ses aliments est le commencement d'une nutrition équilibrée.
Les publicitaires nous font croire ce qu'ils veulent : « tel produit est sans cholestérol » (ce qui est normal car il ne contient pas de gras !), « tel autre est riche en calcium » (mais beaucoup moins qu'un yaourt et surtout beaucoup plus gras), « un autre encore nous protège des maladies » (faux, un aliment ne peut nous protéger des maladies ; seule une alimentation variée et équilibrée diminue notre risque de contracter certaines maladies). Certains produits sont enrichis en vitamines mais leur adjonction n'est pas toujours utile à notre organisme.
Certains aliments ont un apport nutritionnel intéressant (les fruits et légumes, les laitages) d'autres, un apport nutritionnel plus complexe (la viande), d'autres encore n'apportent rien de « bon » (les hamburgers, les sodas, etc.) cela ne veut pas dire qu'ils sont interdits. Il est conseillé de n'en consommer que de temps en temps. Apprenons à lire les étiquettes… et à faire la chasse au gras. Nous mangeons trop gras et devons diminuer les lipides (gras) consommés.

Le petit déjeuner

Le petit déjeuner est un repas essentiel ; il permet de bien démarrer la journée et d'être attentif à l'école. Prendre un bon petit déjeuner est très important pour équilibrer son alimentation, les personnes qui mangent le matin sont souvent plus minces que celles qui sautent ce repas, de plus leur alimentation est mieux équilibrée.

Le pain du boulanger est très bon au petit déjeuner surtout s'il est complet ou aux céréales. Il ne contient pratiquement pas de lipides. Les enfants peuvent ajouter du beurre et de la confiture, du fromage ou bien de la pâte à tartiner au chocolat et aux noisettes (en fine couche !). La pâte à tartiner consommée raisonnablement n'est pas interdite… surtout quand elle est le seul moyen de faire manger un petit déjeuner à votre enfant !

Les céréales pour petit déjeuner sont soit très intéressantes pour la santé soit pleines de sucres, alors faites le bon choix !

• Il est préférable de choisir des céréales riches en fibres (minimum 5 g pour 100 g) et pauvres en sucres (1/3 de sucres maximum si possible). Les fibres permettent de digérer plus lentement et d'éviter la constipation en aidant la digestion. Plus un aliment est riche en fibres, plus il sera digéré lentement, ce qui est mieux car ainsi on se sent rassasié pendant longtemps et on mange moins (attention : cela favorise et accélère le transit).

• Les sucres, c'est-à-dire les glucides qui ont le goût sucré, sont trop vite absorbés par l'organisme ; quand on consomme trop de sucres au petit déjeuner on risque le « coup de pompe » à 11 heures. Les bonnes céréales contiennent environ 1/3 de sucres (par exemple 23 g de sucres pour 76 g de glucides au total), il faut rechercher cette information sur l'emballage.

• Les lipides (le gras) contenus dans les céréales sont peu présents en général, donc il n'est pas indispensable de vérifier. De plus, les lipides des céréales riches en fruits secs (amandes, noisettes, etc.) sont bons pour la santé. Attention, les céréales fourrées au chocolat, les barres de céréales et les biscuits dits pour le petit déjeuner sont eux très riches en lipides et ne remplacent pas un bon bol de céréales classiques.

• Les quantités de vitamines, de fer et de sels minéraux n'ont pas beaucoup d'intérêt, inutile de choisir des céréales plus riches en vitamines ou en fer. Une alimentation équilibrée en apporte suffisamment.

Comparaison de céréales pour le petit déjeuner

D'un point de vue nutritif, les meilleures céréales sont celles qui sont riches en fibres et pauvres en sucres (c'est-à-dire 1/3 maximum des glucides) et pauvres en lipides.

Le muesli, les flocons d'avoine et les pétales au chocolat sont bien meilleurs pour la santé que les boules au miel trop sucrées et sans fibres (elles seront assimilées trop rapidement par l'organisme et risquent de créer le coup de barre de fin de matinée).

Les céréales fourrées au chocolat ressemblent plus à des biscuits qu'à des céréales : aussi sucrées, aussi riches en lipides et aussi caloriques que des cookies !

Pour 100 g	**Muesli**	**Flocons d'avoine**	**Pétales au chocolat**	**Boules au miel**	**Fourrées au chocolat**
Kcal	350	368	384	380	450
Protéines	9 g	11 g	7,6 g	4,5 g	8 g
Glucides (dont sucre)	68 g (25 g)	62 g (1 g)	76 g (23,3 g)	89 g (33 g)	65 g (30 g)
Lipides	5 g	8 g	5,5 g	1 g	18 g
Fibres	7 g	7 g	5,4 g	1 g	3,5 g

● Autorisé ● À limiter

Le lait : mieux vaut le choisir demi-écrémé. Les ajouts en vitamines n'ont pas d'intérêt. Les personnes qui ne digèrent pas le lait peuvent prendre un yaourt, du fromage blanc ou un morceau de fromage.
Les différents chocolats en poudre que l'on ajoute au lait se ressemblent beaucoup d'un point de vue nutritif et sont pris en petite quantité. Pourquoi ne pas choisir alors celui que l'enfant préfère !

Les fruits : un fruit frais ou un vrai jus de fruit (100 % pur jus, sans sucre ajouté) apportent des vitamines et des fibres.

Le déjeuner et le dîner

Les plats préparés sont bien utiles les jours de stress ou de fatigue. L'important est de lire les étiquettes afin d'acheter des aliments qui apportent de bonnes choses et surtout d'éviter les produits trop gras et sucrés.

Les féculents (ou glucides lents ou sucres lents) : ils sont nécessaires à chaque repas et en bonne quantité chez l'enfant en pleine croissance. Privilégiez les féculents riches en fibres c'est-à-dire les légumes secs, le riz brun, la semoule complète, etc. Le pain doit toujours être présent à table.
La purée lyophilisée, les pâtes ou le riz à cuisson très rapide sont moins intéressants car ils sont absorbés par l'organisme presque aussi rapidement que le sucre. On peut les utiliser quand même mais, dans ce cas, veillez à les servir avec des légumes verts ce qui permettra de ralentir la digestion.
Un repas riche en lipides ne donne pas tout de suite une sensation de satiété. En revanche, quelques heures après, on se sent lourd. Pour être rassasié plus vite, il faut manger des féculents. Quand on a faim, après avoir fait du sport par exemple, il faut manger du pain, des pâtes, du riz et non pas du saucisson !

Les poissons frais ou surgelés : ils sont tous bons pour la santé, même les poissons gras qui sont toutefois plus maigres que la plupart des viandes. Les poissons cuisinés font partie de la catégorie « plats cuisinés ».

Les poissons panés : ils doivent être préparés avec du pur filet et non pas du poisson reconstitué, la panure doit être surtout riche en glucides. Attention, quand il est écrit « inutile d'ajouter du gras dans la poêle » : cela signifie que le gras est déjà dans la panure ! Mieux vaut choisir un poisson pané avec très peu de lipides et ajouter un peu d'huile dans la poêle. Les poissons panés comportent, selon les produits, plus ou moins de lipides. Lisez les étiquettes avant d'acheter. Un poisson pané préparé avec un vrai morceau de poisson et une panure riche sera moins gras qu'un steak. Un autre poisson pané, préparé avec une reconstitution de poisson et une panure grasse, sera très riche en lipides et pauvre en protides. Comparez : un poisson pané peut apporter de 0,7 g à 14 g de lipides pour 100 g !

Viandes hachées : préférez les viandes qui contiennent peu de matières grasses (10 % ou moins) et surtout les « pur bœuf » qui contiennent uniquement de la viande.
Il faut choisir les morceaux les moins gras, enlever la graisse visible (blanche) avant la cuisson, débarder la viande avant de la cuire, ajouter très peu de matière grasse. Après cuisson d'un plat gras on peut le placer au froid, le gras remonte, il suffit alors de le recueillir et de le jeter (par exemple un couscous dégraissé devient diététique).

Les plats cuisinés sous vide ou surgelés (type nuggets, cordons bleus, croque-monsieur, pizzas, crêpes fourrées, tartes salées, lasagnes et autres plats préparés). L'important est de vérifier le taux de lipides (gras). Un aliment sera meilleur s'il contient peu de lipides. Sur l'étiquette il faut vérifier que le taux de lipides est inférieur au taux de protéines.
Comparez : un cordon bleu contenant 15 g de protéines et 10 g de lipides pour 100 g sera bien meilleur qu'un autre cordon bleu contenant 11 g de protéines et 16 g de lipides.

Comparaison de différents plats surgelés

Un même plat, selon les marques, peut être soit bien équilibré, c'est-à-dire riche en protéines et avec un apport lipidique limité, soit beaucoup trop gras. D'où l'importance de lire attentivement les étiquettes avant d'acheter. Un plat cuisiné de bonne qualité nutritionnelle a toujours plus de protéines que de lipides.

Pour 100 g	Filet de cabillaud pané	Croquettes de poisson	Pizza 4 saisons	Pizza 4 fromages	Lasagnes bolognaises	Lasagnes gourmandes
Kcal	117	210	174	281	114	151
Protéines	15 g	10 g	7 g	12,3 g	7,1 g	5,2 g
Glucides	13 g	20 g	23 g	33,3 g	11,6 g	15,5 g
Lipides	0,5 g	10 g	6 g	11 g	4,4 g	7,6 g

- Autorisé
- Toléré
- À limiter

Les légumes frais : ils sont tous bons sans exception, veillez à ne pas ajouter trop de lipides à la cuisson. On peut faire revenir une grande quantité de légumes dans 1 ou 2 cuil. à soupe d'huile d'olive par exemple.

Privilégiez les légumes que les enfants aiment et introduisez progressivement d'autres saveurs, jouez sur les couleurs, sur la présentation, préparez des soupes, moyen simple d'introduire de nouveaux légumes.

Les légumes surgelés ou en conserve : ils sont très pratiques et aussi riches en vitamines et en fibres que les légumes frais.

Les légumes déjà cuisinés (gratins, mousses, flans, poêlées, etc.) sont parfois bien pratiques mais certains sont très gras et contiennent plus de glucides et de gras que de bons légumes verts. Il faut donc être vigilant. Il est préférable de choisir des légumes avec peu de lipides (moins de 3 g pour 100 g si possible) et peu de calories (moins de 80 kcal pour 100 g).

Les desserts

Les laitages sont plus ou moins gras. Privilégiez les laitages les plus simples : yaourts, fromages blancs, petits-suisses. Quand un laitage est sophistiqué (mousses, viennois, crèmes de yaourt, etc.) il est en général plus gras, plus riche en sucre rapide et moins riche en calcium. Cela ne veut pas dire qu'il faut les supprimer, on peut en manger de temps en temps mais il faut chaque jour garder les laitages de base.

Un laitage peut être pauvre ou riche en lipides. Il faut lire les étiquettes et vérifier la quantité de lipides. Par exemple, un yaourt nature demi-écrémé contient 1,5 g de lipides, un yaourt entier 4,3 g, une crème de yaourt 7 g. Un flan au chocolat contient 2 g de lipides, une crème dessert peut selon les marques contenir de 3,5 g à 13 g de lipides par pot. En général, la composition est notée pour 100 g de produit, mais votre dessert pèse 150 g... Vous absorbez donc sans le savoir 50 % de lipides (mais aussi de calories) de plus que la quantité indiquée sur l'étiquette.

Comparaison des laitages

Un laitage sera meilleur pour l'organisme s'il est riche en calcium (minimum 100 mg pour 100 g) et pauvre en lipides. Ainsi le yaourt nature est le plus intéressant.

Les yaourts aux fruits, les crèmes au chocolat ou les flans sont également autorisés.

Les desserts plus élaborés comme les viennois ou les crèmes à l'ancienne sont beaucoup trop gras, trop caloriques et apportent peu de calcium (souvent, le taux de calcium n'est même pas mentionné sur l'emballage). Il est recommandé de limiter leur consommation.

Pour 100 g	**Yaourt nature**	**Flan au caramel**	**Yaourt aux fruits**	**Crème au chocolat**	**Viennois au chocolat**	**Crème au chocolat à l'ancienne**
Kcal	50	93	105	115	160	231
Protéines	4,2 g	2,4 g	3,9 g	3,7 g	3,4 g	4,6 g
Glucides	5,6 g	19 g	15 g	20,5 g	17,4 g	18
Lipides	1,2 g	0,8 g	3,3 g	2 g	8,5 g	15,6
Calcium	150 mg	120 mg	96 mg	120 mg	NI	NI

NI : Non indiqué sur l'emballage.

- Autorisé
- Toléré
- À limiter

Les fruits frais et surgelés : ils sont tous bons et riches en vitamines. Il est important de faire goûter aux enfants les fruits de saison. Pour faciliter cet apprentissage des produits de saison, jouez sur les couleurs, préparez des salades de fruits frais et des jus que les enfants aiment beaucoup.

Les fruits en conserve et les compotes sont bons aussi mais beaucoup plus sucrés, attention!

Les glaces et les sorbets : les sorbets sont préparés avec des fruits et du sucre, ils sont donc en général peu caloriques.
Les glaces ont parfois d'excellentes compositions, proches des crèmes dessert, parfois très grasses et sucrées. Il faut vérifier de près leur composition, et une fois de plus faire la chasse aux lipides.
Un sorbet apportera par exemple 80 kcal pour 100 g, une crème glacée simple 110 à 150 kcal et peu de lipides mais certains cônes ou bâtonnets glacés apportent jusqu'à 400 kcal et 30 g de lipides pour 100 g! En étant vigilant on peut offrir à ses enfants des gourmandises 4 fois moins caloriques.
Les pâtisseries sont réservées aux jours de fête. Certaines sont peu grasses : les meringues, les flans, les crumbles, les tartes riches en fruits.

Le goûter

Du pain et du chocolat avec un verre de lait ou un bol de céréales restent les meilleurs goûters, ils sont riches en glucides lents et en calcium.
Les biscuits, même ceux dits « minceur », sont riches en lipides et en sucres, ils ne peuvent remplacer quotidiennement le goûter de base et n'apportent rien de plus. Attention aux publicités mensongères, certains goûters contiendraient autant de calcium qu'un verre de lait... Les publicitaires oublient de préciser qu'ils contiennent 10 fois plus de gras! De plus les enfants ont tendance à en manger de grandes quantités et n'ont plus faim le soir.

Comparaison de 3 goûters

Les céréales type « pétales au chocolat » et le traditionnel pain + chocolat + lait apportent une bonne quantité de calcium, des glucides lents et peu de lipides.
Le pain + chocolat est plus calorique car il est plus lourd en poids : 80 g contre 50 g de céréales,

mais un goûter copieux est bon pour l'équilibre alimentaire s'il est pauvre en lipides, car il permet de prendre un dîner plus léger.
Les cookies et le soda apportent beaucoup trop de sucres, de lipides… et de calories ! De plus, ils n'apportent pas de calcium.

Pour 100 g	**50 g de céréales type pétales au chocolat + 20 cl de lait demi-écrémé**	**1/4 de baguette de pain + 20 g de chocolat + 25 cl de lait demi-écrémé**	**80 g de cookies au chocolat (5 biscuits) + 1 canette de soda**
Kcal	282	371	538
Protéines	21,4 g	13 g	5,6 g
Glucides (dont sucre)	47 g (13 g)	58 g (13 g)	87 g (60 g)
Lipides	5,8 g	9,8 g	18 g
calcium	260 mg	260 mg	0 g

● Autorisé
● À limiter

Les douceurs

Aucune n'a d'intérêt pour la santé… Mais elles ne sont pas interdites pour autant !

Les bonbons :

Les bonbons gélifiés aux fruits sont seulement sucrés : ils sont donc moins caloriques que les chocolats, barres au chocolat ou bâtonnets glacés.
Mieux vaut offrir un bonbon à la fin d'un repas (en pensant à se laver les dents après !) qu'à toute heure du jour, l'enfant risquant alors de ne plus avoir faim pendant les repas.

Le chocolat :

Chocolat noir : 555 kcal/100 g, 7 g de protides, 38 g de lipides, 45 g de glucides.
Chocolat au lait : 555 kcal/100 g, 7 g de protides, 36 g de lipides, 50 g de glucides.
Chocolat blanc : 554 kcal/100 g, 7 g de protides, 34 g de lipides, 55 g de glucides.
La différence de calories et de glucides est très faible, d'autre part un chocolat moins sucré est

plus gras ce qui n'apporte aucun avantage. C'est même un inconvénient puisque 1 g de lipides apporte 9 kcal et 1 g de glucides apporte 4 kcal.
Enfin, étant donné la quantité de chocolat consommée (20 à 40 g en général) peu importe le chocolat choisi, mieux vaut se faire plaisir que de chercher le chocolat le moins sucré ou le moins gras.

Les boissons sucrées

Quel parent penserait à donner chaque jour, voire plusieurs fois par jour 7 sucres à son enfant ? C'est ce que font les parents qui laissent leur enfant boire une ou plusieurs canettes de soda par jour ! 1 canette de soda = 7 sucres !
Les vrais jus de fruits (100 % pur jus) apportent aussi des calories mais elles sont meilleures car le sucre des fruits (le fructose) est digéré lentement. Les vrais jus de fruits apportent aussi des vitamines et des fibres.

Vous trouverez p. 159, un modèle de planning qui vous permettra de prévoir avec votre enfant, les menus de la semaine.

Arrêtons de diaboliser

• **Le pain :** non, le pain ne fait pas grossir ! Il doit faire partie de notre alimentation quotidienne ! Le pain est calorique, bien sûr (240 à 280 kcal pour 100 g), mais il apporte de bons glucides et très peu de gras, il permet d'être rassasié plus vite qu'avec d'autres aliments plus gras (un aliment gras est très calorique mais ne donne pas tout de suite la sensation de satiété).

• **Les pâtes, le riz et autres féculents :** comme le pain, ils apportent de bons glucides. Les féculents doivent être consommés à chaque repas et en grande quantité si l'enfant a faim.

• **La viande :** la viande choisie peu grasse apporte de bonnes protéines qui permettent la construction des muscles. C'est la charcuterie qui est grasse. Ceux qui mangent très peu de viande consomment à la place trop de produits gras (comme les quiches, les croque-monsieur, les nuggets, etc.).

• **Le ketchup :** les enfants adorent le ketchup et parfois cela permet de leur faire manger des légumes ou du poisson, alors pourquoi s'en priver ?
Le ketchup est composé de tomates, de sucre et de sel, il est donc peu calorique (entre 61 et 112 kcal pour 100 g selon les marques). Il peut donc être utilisé dans une alimentation équilibrée. Le ketchup est bien moins calorique et moins gras que la mayonnaise. Veillez toutefois à ne pas en abuser puisque trop de ketchup ne permettra pas à l'enfant de s'ouvrir à d'autres saveurs.

• **Les pâtes à tartiner :** elles sont caloriques et grasses comme le chocolat mais utilisées avec modération elles peuvent participer à une alimentation équilibrée. Il est préférable de consommer une tartine de bon pain complet avec de la pâte à tartiner (en fine couche) plutôt que des biscuits au chocolat, plus riches en lipides.

• **Les légumes en conserve et surgelés :** ces légumes sont aussi riches en vitamines et en fibres que les frais. Ils peuvent être utilisés chaque jour sans danger. Ils sont souvent plus économiques que les légumes du marché et conviennent particulièrement aux personnes pressées ou qui ont un petit budget.

QUE FAIRE SI

Il n'aime pas le lait.

Votre enfant peut ne pas aimer ou supporter le lait, mais apprécier les laitages et les fromages. Dans ce cas, aucun problème, vous lui proposerez 3 laitages de son choix dans la journée.
S'il dit n'aimer aucun laitage, essayez de ruser avec des milk-shakes, des boissons aux fruits et au lait, des glaces à base de yaourt ou des petits-suisses glacés, des crèmes dessert, des crêpes, des légumes en sauce blanche.
Si vraiment rien ne passe, il faut lui apporter autrement le calcium nécessaire à sa santé. Choisissez une eau minérale riche en calcium et éventuellement 1 comprimé de calcium par jour. L'apport recommandé est d'environ 1 g par jour. Dans ce cas, demandez conseil à votre médecin ou à votre pharmacien.

Il ne mange jamais de légumes.

Vous pouvez commencer par des légumes « cachés ». Souvent les enfants aiment la soupe s'ils peuvent laisser fondre 1 portion de fromage type Vache qui rit dedans ou la parsemer de fromage râpé et de croûtons.
Proposez à votre enfant des pâtes aux légumes (tomates, brocolis), des cakes ou des quiches aux légumes. Les épinards en tarte passeront mieux que nature, par exemple.
Préparez des purées de différentes couleurs (une purée verte avec des pommes de terre et des épinards ou des haricots verts, une purée orange avec des carottes, une purée blanche avec du céleri ou du chou-fleur).
Présentez-lui des crudités appétissantes par leur variété de couleurs.
Les enfants aiment beaucoup les couleurs, essayez de présenter des assiettes appétissantes et colorées.
Proposez-lui plus souvent les 2 ou 3 légumes qu'il aime et essayez d'élargir peu à peu.
Préparez ou créez avec lui des formes dans son assiette : cheveux en haricots verts, tête en tomate, oreilles en salade…

Il ne veut pas manger de viande.

Essayez de trouver la viande ou le poisson qu'il aime (steak haché, brochette, poisson pané, papillote…)

On peut être en bonne santé sans manger de viande : il faut alors veiller à avoir un apport suffisant de protéines par les œufs, les laitages, les céréales, les légumes secs (lentilles, haricots secs, etc.) et les fruits secs (amandes, noisettes, noix, etc.).
L'idéal est probablement de lui donner 2 à 3 fois par semaine la viande ou le poisson qu'il aime.

Il veut manger des pâtes tous les jours.

Eh bien chiche ! Faites-lui des pâtes pendant une semaine et tenez bon ! 7 jours ! Je vous promets qu'à la fin de la semaine, il vous suppliera de manger autre chose.
S'il a une prédilection pour les pâtes, rien ne vous empêche de les choisir souvent comme féculent… accompagnées de légumes.
Favorisez la cuisson *al dente* qui est meilleure car mieux assimilée que la cuisson longue.
Évitez les pâtes à cuisson rapide qui se transforment en glucides rapides.

Nous sommes originaires du Maghreb ou d'Afrique noire, comment faire pour manger équilibré en respectant nos goûts ?

Les plats traditionnels sont toujours riches en légumes et il faut continuer à déguster les délicieux plats de votre pays. Voici quelques conseils toutefois, car la cuisine traditionnelle est souvent très grasse. Préparez les mêmes recettes mais en diminuant le gras ajouté (2 cuil. à soupe d'huile suffisent pour faire revenir la viande et les légumes), choisissez les morceaux de viande les plus maigres, enlevez le gras apparent de la viande avant la cuisson. Quand le plat est cuit, laissez-le refroidir : le gras remonte à la surface, il est alors facile de l'enlever. Votre plat sera aussi savoureux mais bien meilleur pour votre santé. Préparez au moins un légume vert par repas. Évitez au maximum les fritures.
Préparez à vos enfants la cuisine de chez vous et ne vous laissez pas tenter par les fast-foods, ils doivent rester de consommation exceptionnelle.

Nous avons vraiment un tout petit budget, manger équilibré coûte trop cher !

On peut parfaitement manger équilibré sans se ruiner. Les fruits et légumes sont d'un prix abordable quand ils sont de saison. Aussi, n'hésitez pas à vous rendre sur le marché avant la fermeture, ou dans les grandes surfaces, où les commerçants proposent souvent des lots de fruits et légumes à prix réduits encore très bons mais à consommer rapidement.

Les légumes en conserve ou surgelés sont plus économiques et contiennent des vitamines et des fibres, ils ont aussi l'avantage d'être vite préparés.
Les laitages de base (yaourts, fromages blancs, crèmes, etc.) sont beaucoup moins chers que les produits sophistiqués qui, de plus, sont pauvres en calcium et très riches en graisse. Apprenez aussi à préparer vous-même des crèmes ou à rendre vos desserts plus appétissants en ajoutant des morceaux de fruits (frais ou en conserve).
La viande n'est pas nécessaire tous les jours, 2 à 3 fois par semaine suffisent. Les morceaux à bouillir ne sont pas très onéreux ; le poisson surgelé ou en conserve est moins cher que le frais et tout aussi bon pour la santé.

Je n'ai pas le temps de cuisiner !

Aujourd'hui, on peut acheter des produits qui demandent très peu de préparation et manger équilibré. Il faut utiliser des produits surgelés, en conserve ou frais déjà préparés. L'important est de choisir surtout des produits de base (légumes simples, steaks hachés, poissons en filets ou en tranches, etc.) et le moins possible de produits sophistiqués souvent très gras et chers (plats cuisinés, nuggets, croque-monsieur, pizzas, etc.).
Dans ce livre vous trouverez pour chaque recette une idée de menu équilibré **rapide**, c'est-à-dire 1 plat à préparer rapidement et une idée de menu équilibré **fait maison** dont deux recettes au moins se trouvent dans le livre.

Les recettes sont proposées **pour 4 personnes**.

Elles sont toutes simples à réaliser et un enfant de 10 ans doit pouvoir les confectionner seul ou aidé par un adulte. Les enfants rencontrent parfois des difficultés pour peser les ingrédients, c'est pourquoi vous trouverez en fin d'ouvrage (p. 158) un tableau d'équivalence de mesures avec des pots de yaourts.

Après chaque recette, deux idées de menu sont proposées :

• Le **menu rapide** se prépare rapidement, seule la recette de la page demande un peu de préparation. Il vous permet de composer un menu équilibré facilement. Il sera par exemple composé d'une salade de tomates et de maïs, d'un steak haché et de haricots verts en conserve, d'un morceau de fromage et du gâteau au yaourt et aux pommes proposé à cette page.

• Le **menu fait maison** intègre au moins deux recettes du livre.

Ces idées menu sont là pour vous donner des repères de menus équilibrés ; chaque repas doit comporter au moins : 2 fruits ou légumes (crus ou cuits), 1 féculent, 1 viande, poisson ou œuf, 1 laitage.

LES ENTRÉES

BISCUITS APÉRITIFS AU FROMAGE

Pour 4 personnes
Préparation : 20 min
Repos au frais : 1 h
Cuisson : 10 min

125 g de farine
125 g de beurre + 20 g
125 g de gruyère râpé ou d'emmental
1 œuf
2 pincées de sel

1. Couper les 125 g de beurre en petits cubes (comme des dés) et les mettre dans une casserole.
2. Placer la casserole sur le feu très doux pour que le beurre fonde (attention il doit seulement fondre, il ne doit pas cuire). Quand le beurre est presque fondu, retirer la casserole du feu. On peut aussi faire fondre le beurre au four à micro-ondes.
3. Dans un saladier, mettre la farine, le fromage râpé, l'œuf et le sel. Ajouter le beurre fondu et mélanger jusqu'à ce que tout soit homogène.
4. Avec la pâte, former un long rouleau de 3 cm de diamètre, comme un boudin. Placer le boudin au frais pendant 1 h.
5. Au bout d'1 h, préchauffer le four à 210 °C (th. 7).
6. Sortir le boudin et le couper en tranches de 5 mm d'épaisseur.
7. Étaler un petit peu de beurre sur la plaque du four et y placer les tranches en les séparant bien les unes des autres. Mettre au four pour 10 min.
8. Quand les biscuits sont cuits, les détacher avec un couteau et les offrir tièdes ou froids.

INFO SANTÉ

Les biscuits apéritifs maison sont réalisés avec du gruyère râpé ou de l'emmental qui sont les fromages contenant le plus de calcium (1010 mg pour 100 g), de plus ils sont moins salés que ceux du commerce.

MENU

APÉRITIF DE FÊTE

Biscuits apéritifs au fromage
Panier de légumes à croquer, p. 45
Sangria, p. 148

PANIER DE LÉGUMES À CROQUER

Pour 4 personnes
Préparation : 15 min
Pas de cuisson

3 carottes
1 concombre
1/2 chou-fleur
18 tomates cerises

La sauce :
250 g de fromage blanc
250 g de mayonnaise
1 botte de ciboulette (ou autres herbes au choix)
Sel

1. Éplucher les carottes et le concombre, les couper en bâtonnets. Laver et essuyer les tomates cerises, les piquer d'un cure-dent. Laver et ciseler la ciboulette.
2. Couper le chou-fleur en bouquets (petits morceaux).
3. Dans un panier, ou un joli plat, placer harmonieusement tous les légumes.
4. Mélanger tous les ingrédients de la sauce dans un ramequin. Le placer au cœur des légumes, au centre du plat.
5. Chacun prendra un légume et le trempera dans la sauce avant de le déguster.

Variante

Vous pouvez aussi mélanger de la crème fraîche avec les herbes, du sel et du poivre.

MENU

APÉRITIF DINATOIRE EN BUFFET

Panier de légumes à croquer, biscuits apéritifs au fromage, p. 44
Carrés de pizza, p. 75, petits feuilletés à la saucisse, p. 46
Brochettes de fruits, p. 205, petits cubes de gâteau au chocolat, p. 119, sorbets, p. 137, punch en pastèque, p. 147

PETITS FEUILLETÉS À LA SAUCISSE

Pour 4 personnes
Préparation : 15 min
Cuisson : 10 min

200 g de pâte feuilletée pur beurre
6 saucisses de Strasbourg
1 jaune d'œuf

1. Préchauffer le four à 210 °C (th. 7).
2. Étaler la pâte feuilletée, découper des bandes de pâte de 2 cm de large.
3. Couper chaque saucisse en 6 morceaux (si elles sont servies à l'apéritif, sinon les laisser entières).
4. Entourer chaque morceau de saucisse de pâte feuilletée. Les ranger sur un plat huilé (ou sur du papier cuisson qui permet d'éviter de graisser le plat) allant au four.
5. Badigeonner chaque morceau de saucisse feuilletée au pinceau avec le jaune d'œuf battu (cela fera briller les feuilletés et les rendra plus appétissants).
6. Enfourner pour 10 min de cuisson. Servir les feuilletés tièdes.

ASTUCES GOURMANDES

- C'est un apéritif idéal pour les petits et les grands.
- Ces saucisses feuilletées peuvent aussi être servies en plat principal.

ASTUCE ORGANISATION

Quand on reçoit beaucoup de monde, on peut préparer les saucisses feuilletées à l'avance. L'idéal est de les congeler crues en les disposant directement dans le plat qui ira au four.

MENU

RAPIDE

Petits feuilletés à la saucisse
Salade verte et œuf dur
Fromage et pomme

FAIT MAISON

Salade de laitue et de tomates
Petits feuilletés à la saucisse
Crème renversée au caramel, p. 110

SALADE AU MELON,
MAGRET DE CANARD ET FIGUES

Pour 4 personnes

Préparation : 25 min

Pas de cuisson

1 salade (par exemple feuille de chêne)
1 gros melon bien mûr
16 tranches de magret de canard fumé
2 belles figues
3 cuil. à soupe d'huile d'olive
1 cuil. à soupe 1/2 de jus de citron
Sel, poivre du moulin

1. Préparer la salade (voir Salade de surimi au kiwi p. 48) et la répartir sur 4 assiettes.
2. Couper le melon en deux, enlever les pépins et préparer des billes avec une cuillère parisienne, ou des cubes ou bien encore des lamelles (en supprimant la peau).
3. Répartir les morceaux de melon sur la salade, les tranches de magret de canard (4 par personne) et les figues coupées en quartiers.
4. Dans un petit bol, mélanger l'huile d'olive, le jus de citron, du sel et poivre.
5. Juste avant de passer à table, répartir l'assaisonnement sur les assiettes et servir.

ASTUCES

• Vous pouvez acheter de la sauce salade toute prête et de la salade en sachet dans le commerce.
• Vous trouverez les magrets fumés au rayon des jambons sous vide.
• Si vous ne trouvez pas de magret fumé, vous pouvez utiliser 4 fines tranches de jambon de Parme.

MENU

RAPIDE	FAIT MAISON
Salade au melon, magret de canard et figues	Salade au melon, magret de canard et figues
Grillades de porc, poêlée de légumes surgelés et riz	Porc aux abricots secs, p. 78
	Semoule
Glace au chocolat	Fromage blanc

SALADE DE SURIMI AU KIWI

Pour 4 personnes
Préparation : 10 min
Pas de cuisson

1 salade batavia
4 kiwis
2 cuil. à soupe de jus de citron
300 g de surimi en bâtonnets ou en miettes
3 à 4 cuil. à soupe d'huile d'olive
Sel, poivre du moulin

1. Séparer les feuilles de la salade et jeter celles qui sont abîmées. Laver la salade deux fois dans beaucoup d'eau. Ne pas la laisser tremper, elle perdrait ses vitamines. Essorer les feuilles de salade et les mettre dans un saladier large et pas trop haut.
2. Peler les kiwis puis les couper en fines rondelles avant de les déposer sur la salade.
3. Couper le surimi en petites rondelles fines et les répartir aussi sur la salade et les kiwis.
4. Dans un petit bol, faire dissoudre un peu de sel dans le jus de citron, puis ajouter du poivre et l'huile d'olive. Mélanger, goûter et rajouter un peu d'huile, si la sauce paraît trop piquante.
5. Au dernier moment, arroser la salade avec l'assaisonnement et servir.

ASTUCES

- Vous pouvez utiliser du jus de citron en flacon que vous trouverez facilement dans le commerce.
- Vous pouvez utiliser 1 sachet de salade toute prête ou bien un mélange de salades.

Variante

Salade de crevettes au kiwi. Remplacez le surimi par 300 g de crevettes roses décortiquées.

INFO SANTÉ

Le kiwi fournit l'apport journalier recommandé en vitamine C (entre 80 et 130 mg pour 100 g, voire plus). En comparaison, les agrumes contiennent en moyenne 46 mg de vitamine C.

MENU

RAPIDE	FAIT MAISON
Salade de surimi au kiwi	Salade de crevettes au kiwi
Lasagnes	Croque-monsieur
Crème dessert à la vanille	Fromage blanc à la noix de coco, p. 117

SALADE GRECQUE

Pour 4 personnes
Préparation : 15 min
Pas de cuisson

1 salade (laitue ou batavia)
1 concombre
4 tomates bien mûres (ou 250 g de tomates cerises)
1 bouquet de basilic
250 g de feta
3 cuil. à soupe d'huile d'olive
1 cuil. à soupe 1/2 de vinaigre de vin (ou autre vinaigre au choix)
15 olives noires (facultatif)
Sel, poivre du moulin

1. Préparer la salade (voir Salade de surimi au kiwi p. 48) et l'étaler sur un plat.
2. Éplucher le concombre puis le couper en rondelles. Laver les tomates puis les couper en quatre et la feta en dés. Les disposer d'une jolie façon sur la salade puis ajouter le basilic ciselé et les olives.
3. Dans un petit bol, faire fondre du sel avec le vinaigre, ajouter l'huile d'olive et poivrer.
4. Arroser la salade de vinaigrette juste avant de servir.

ASTUCE

Vous pouvez utiliser de la salade toute prête en sachet.

LE PETIT PLUS

Il est important d'attendre le dernier moment pour assaisonner la salade. Si on le fait trop tôt, elle devient molle et confite.

MENU

RAPIDE	FAIT MAISON
Salade grecque	Salade grecque
Couscous	Saumon sauce citron, p. 83, riz
Fromage blanc	Charlotte à l'ananas, p. 106

SALADE 3 COULEURS

Pour 4 personnes
Préparation : 20 min
Cuisson : 10 min

6 tomates
1 concombre
1 salade verte
3 œufs
1 cuil. à soupe 1/2 de vinaigre de vin (ou autre vinaigre au choix)
1/2 cuil. à café de moutarde de Dijon
3 cuil. à soupe d'huile d'olive
Sel fin

1. Préparer la salade (voir Salade de surimi au kiwi p. 48) et la mettre dans un saladier large et pas trop haut.
2. Éplucher le concombre puis le couper en rondelles.
3. Laver les tomates puis les couper en huit.
4. Déposer les œufs dans une casserole d'eau froide. Porter à ébullition et faire cuire 10 min. Passer ensuite les oeufs sous l'eau froide, ôter la coquille, et les couper en quatre.
5. Déposer les rondelles de concombre, les morceaux de tomate et d'œuf dans le saladier avec la salade.
6. Dans un petit bol, faire fondre un peu de sel dans le vinaigre, puis ajouter la moutarde et l'huile d'olive. Mélanger.
7. Au dernier moment, répartir la vinaigrette sur la salade et servir.

Variante

Vous pouvez ajouter du thon au naturel et du maïs à la salade 3 couleurs : servie avec du pain, elle deviendra un plat complet.

ASTUCE

Vous pouvez utiliser de la salade toute prête en sachet.

BON À SAVOIR

C'est une salade de base, qui peut être servie midi ou soir. On peut ajouter les ingrédients de son choix (champignons, cubes de fromage, jambon...). Pensez à varier au maximum vos repas.

MENU

RAPIDE	FAIT MAISON
Salade 3 couleurs Raclette et pommes de terre, charcuterie Fraises	Salade 3 couleurs Veau aux carottes, p. 89 Riz au lait, p. 134

SOUPE AU POULET

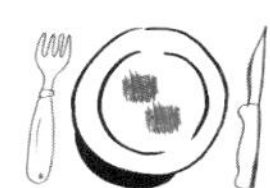

Pour 4 personnes
Préparation : 30 min
Cuisson : 50 min

1/2 poulet (ou 2 cuisses et 2 pattes)
2 blancs de poireaux
2 oignons
400 g de pommes de terre à chair ferme
1 cube de bouillon de volaille
2 cuil. à soupe de crème fraîche
1 bouquet de persil plat
Sel, poivre du moulin

1. Éplucher et couper les oignons en petits cubes de 1 cm de côté environ. Faire de même avec les pommes de terre.
2. Laver les blancs de poireaux puis les couper en fines rondelles.
3. Dans une casserole, déposer les morceaux de poulet, les cubes de pomme de terre, les cubes d'oignons et les rondelles de poireaux. Ajouter le cube de bouillon de volaille, recouvrir avec 1,5 litre d'eau, saler et poivrer légèrement.
4. Porter à ébullition puis baisser le feu et laisser cuire 45 min à couvert.
5. Laver, essuyer et ciseler les feuilles de persil.
6. Enlever l'écume (la mousse blanche) qui se forme à la surface avec une écumoire.
7. Quand le poulet est cuit, le retirer de l'eau en le piquant avec 2 fourchettes sans se brûler et couper la chair en petits morceaux. Replacer les morceaux de poulet dans la casserole et jeter les os et la peau.
8. Ajouter alors la crème fraîche et le persil haché dans la casserole, laisser cuire encore 5 min et verser la soupe dans une soupière. Servir avec de belles tranches de pain grillé.

• Vous pouvez utiliser 2 poignées d'oignons surgelés à la place des oignons frais.
• Vous trouverez les cubes de bouillon de volaille au rayon soupe.

MENU

RAPIDE	FAIT MAISON
Soupe au poulet	Soupe au poulet, p. 51
Pizza, salade verte	Œufs cocotte, p. 72, et pain beurré
Yaourt	Glace au yaourt à la framboise, p. 125

SOUPE BLANCHE D'HIVER

Pour 4 personnes

Préparation : 20 min

Cuisson : 40 min

500 g d'oignons frais
1 chou-fleur
1/2 bouquet de cerfeuil ou de persil plat
30 g de beurre
15 cl de crème fraîche
Sel, poivre du moulin

1. Éplucher et couper les oignons en rondelles (on peut le faire sous un filet d'eau froide pour ne pas pleurer).
2. Mettre le beurre dans une casserole sur feu doux. Quand le beurre est fondu, y laisser blondir les oignons, toujours à feu doux (attention, les oignons ne doivent ni griller ni se colorer) pendant 10 min.
3. Laver le chou-fleur et détacher les bouquets, jeter la partie centrale dure.
4. Ajouter les morceaux de chou-fleur dans la casserole avec 1,5 litre d'eau, du sel et du poivre. Laisser cuire 30 min (ou 15 min à la Cocotte-Minute).
5. Ajouter la crème fraîche, mixer ou passer au presse-purée et servir la soupe avec quelques pluches de cerfeuil ou de persil pour décorer.

ASTUCES

- **Vous pouvez utiliser des oignons surgelés.**
- **Les enfants aimeront cette soupe et ne reconnaîtront pas le goût du chou-fleur !**

MENU

RAPIDE	FAIT MAISON
Soupe blanche d'hiver	Soupe blanche d'hiver
Croquettes au fromage	Quiche au fromage, p. 80
Salade verte	Salade verte
Pêches au sirop	Fruits

SOUPE ORANGE DE HALLOWEEN

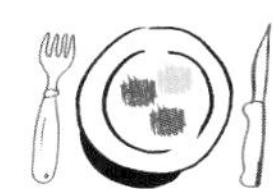

Pour 4 personnes
Préparation : 30 min
Cuisson : 30 min

- 1 potiron pas trop gros (2 à 3 kg) ou 1 part de 2 kg avec l'écorce
- 2 gousses d'ail (facultatif)
- 30 g de beurre
- 30 cl de crème fraîche (éventuellement allégée)
- 2 jaunes d'œufs
- Un peu de lait (si besoin)
- 2 cubes de bouillon de volaille
- Sel, poivre du moulin

1. Couper le chapeau du potiron au tiers supérieur et creuser l'intérieur. Ôter et jeter les graines. Creuser la chair du potiron avec un couteau ou une grosse cuillère sans transpercer la peau. Couper la chair en morceaux.

2. Placer les morceaux de potiron dans une casserole avec le beurre et faire cuire à feu doux quelques minutes, le temps que le potiron ramollisse. Il ne faut pas que le beurre brûle.

3. Ajouter les gousses d'ail épluchées, un peu de sel, les 2 cubes de bouillon de volaille et 40 cl d'eau. Couvrir et laisser cuire 20 min environ ou 6 min à la Cocotte-Minute.

4. Mixer la soupe avec son jus, poivrer et ajouter les jaunes d'œufs et la crème fraîche. Goûter pour vérifier l'assaisonnement et ajouter un peu de lait si la soupe est trop épaisse.

5. Verser alors la soupe dans le potiron vide, replacer le couvercle et apporter à table !!!

Version plus simple

Présentez le potage dans une soupière ou dans des bols individuels.

MENU

RAPIDE	HALLOWEEN
Soupe orange de Halloween	Soupe orange de Halloween
Croque-monsieur	Hamburger diabolique, p. 68
Salade verte	Mousse noire de l'Enfer, p. 128
Yaourt aux fruits	Elixir du diable, p. 143

SOUPE ORANGE DU JARDIN

Pour 4 personnes

Préparation : 15 min

Cuisson : 50 min

1 kg de carottes
1 oignon
1 orange non traitée
30 g de beurre
1 cube de bouillon de poule ou de pot-au-feu
Sel, poivre du moulin

1. Laver les carottes puis les éplucher. Les couper en rondelles.

2. Éplucher l'oignon et le couper en rondelles (pour éviter de pleurer on peut le faire sous un filet d'eau puis l'égoutter si besoin).

3. Faire fondre le beurre dans une casserole sur feu doux. Quand il mousse, ajouter l'oignon, les carottes et bien mélanger. Baisser le feu si celui-ci est trop fort.

4. Laver l'orange en la frottant bien puis râper la peau. Ajouter le zeste aux carottes, verser 50 cl d'eau, le cube de bouillon de poule et 1 pincée de sel. Placer un couvercle et laisser cuire 45 min (ou 10 min à la Cocotte-Minute à partir du moment où elle siffle).

5. Mixer la soupe (ou la passer au presse-purée), ajouter du poivre et la servir bien chaude.

ASTUCES

- Vous pouvez utiliser 1 poignée d'oignons surgelés.
- Vous trouverez les cubes de bouillon de poule ou de pot-au-feu au rayon des soupes.
- Amusez-vous à préparer un repas tout orange !

MENU

RAPIDE

Soupe orange du jardin
Œufs à la coque, mouillettes à la mimolette
Salade de clémentines aux raisins secs

FAIT MAISON

Soupe orange du jardin
Œufs brouillés au roquefort, p. 71, salade
Crumble à la banane et au chocolat, p. 112

SOUPE ROUGE

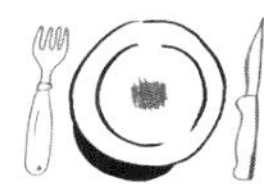

Pour 4 personnes

Préparation : 15 min

Cuisson : 30 min

1 boîte de tomates pelées (800 g)
2 oignons
2 cubes de bouillon de bœuf
2 cuil. à soupe d'huile d'olive
1/2 bouquet de persil plat
Poivre du moulin

1. Éplucher les oignons sous un filet d'eau froide pour ne pas pleurer, les égoutter et les couper en rondelles. Mettre les oignons dans une casserole avec l'huile d'olive. Laisser cuire environ 10 min à feu doux.

2. Ajouter les tomates pelées et 50 cl d'eau, puis les cubes de bouillon et laisser cuire 20 min avec un couvercle (ou 6 min à la Cocotte-Minute).

3. Laver puis hacher les feuilles de persil.

4. Mixer alors la soupe au mixeur ou au presse-purée, ajouter du poivre et rectifier l'assaisonnement si nécessaire.

5. Parsemer la soupe de persil haché avant de servir.

Variante

Soupe rouge aux vermicelles.

Vous pouvez également ajouter une poignée de vermicelles à la soupe : après avoir mixé la soupe, la remettre à bouillir et jeter les vermicelles dans la casserole. Compter environ 1 min de cuisson (ou plus si le temps de cuisson indiqué sur l'emballage de vermicelles est supérieur). Servir la soupe bien chaude.

ASTUCES

• Vous pouvez remplacer les oignons frais par 2 poignées d'oignons surgelés.
• Vous trouverez les cubes de bouillon de bœuf au rayon des soupes.

MENU

RAPIDE	FAIT MAISON
Soupe rouge Quiche au crabe, salade verte Fromage blanc aux fruits	Soupe rouge Pâtes au saumon, p. 74 Fromage blanc aux fruits, p. 118

SOUPE VERTE FONDANTE

Pour 4 personnes
Préparation : 10 min
Cuisson : 20 min

1 kg de courgettes
2 cubes de bouillon de poule
6 portions de fromage fondu type Vache qui rit ou Kiri

1. Laver les courgettes et enlever les 2 extrémités dures.
2. Couper les courgettes en rondelles d'environ 1,5 cm d'épaisseur, les placer dans une casserole et les couvrir d'eau. Il ne faut pas mettre trop d'eau, juste couvrir les courgettes. Ajouter les cubes de bouillon, couvrir et mettre à cuire 20 min environ. Quand l'eau bout, diminuer le feu pour que cela ne déborde pas.
3. Quand les courgettes sont cuites (pour vérifier, piquer un couteau dans une courgette : elle doit être molle), arrêter la cuisson, ajouter les portions de fromage fondu et mixer la soupe avec le mixeur ou le presse-purée.
4. Servir bien chaud.

ASTUCE

Vous trouverez les cubes de bouillon de bœuf au rayon des soupes.

MENU

RAPIDE	FAIT MAISON
Soupe verte fondante Pâtes au fromage et à la sauce tomate Salade de mangues et yaourt	Soupe verte fondante Filets de sole en papillote, p. 64 Fromage et pain Madeleines, p. 126

TABOULÉ

Pour 4 personnes
Préparation : 20 min
Repos au frais : 2 h

2 pots de yaourt de semoule grain moyen ou de semoule complète ou de boulghour (200 g)
2 pots de yaourt d'eau (200 g)
4 tomates bien mûres
1 concombre
1 citron (jus)
1/2 bouquet de persil plat
1/2 bouquet de menthe
1/2 bouquet de fines herbes (cerfeuil, ciboulette, coriandre…)
3 à 4 cuil. à soupe d'huile d'olive
1 cuil. à café 1/2 de sel

1. Laver les tomates et les couper en petits cubes. Éplucher le concombre et le couper également en petits cubes. Rincer, essuyer et hacher les feuilles de persil, de menthe et d'autres herbes.

2. Faire bouillir 25 cl d'eau.

3. Placer la semoule dans un plat et l'arroser avec l'eau bouillante (1 verre de semoule pour 1 verre d'eau).

4. Attendre que la semoule refroidisse puis ajouter les tomates, le concombre, l'huile d'olive, le jus du citron, les herbes hachées et le sel.

5. Bien mélanger et attendre 2 h minimum au frais avant de déguster.

INFO SANTÉ

• La semoule est un bon glucide qui se digère lentement surtout quand il est mélangé aux légumes.

• Le boulhgour est plus riche en fibres et en vitamines que la semoule.

MENU

RAPIDE	FAIT MAISON
Taboulé	Taboulé, p. 57
Charcuterie, salade	Surprises au chèvre et aux épinards, p. 85
Fromage	Salade de fruits en robe d'ananas, p. 136
Pêches	

TOMATES FARCIES AU THON

Pour 4 personnes

Préparation : 20 min

Cuisson : 10 min

4 belles tomates
200 g de thon au naturel en boîte
2 œufs
3 cuil. à soupe de mayonnaise
1 botte de ciboulette
Sel

1. Faire durcir les œufs : les placer dans une casserole d'eau froide et les laisser cuire 10 min à partir de l'ébullition. Enlever alors l'eau de cuisson et les laisser refroidir dans de l'eau froide.
2. Laver et essuyer les tomates. Découper la partie supérieure de chaque tomate afin de fabriquer un chapeau en laissant au dessus la queue de la tomate. Creuser les tomates et enlever la pulpe en faisant bien attention de ne pas percer le fond.
3. Écaler doucement les œufs quand ils sont froids et les écraser à la fourchette.
4. Laver et essuyer la ciboulette. L'émincer finement.
5. Ouvrir la boîte de thon et bien l'égoutter.
6. Dans un saladier, déposer le thon et l'écraser à la fourchette. Ajouter la mayonnaise, les œufs, la ciboulette ciselée, mélanger et saler si besoin.
7. Farcir chaque tomate vidée avec la préparation et placer le chapeau par-dessus. Servir
8. Pour une jolie présentation, on peut mettre chaque tomate dans une assiette à dessert sur un lit de salade.

ASTUCE

Vous pouvez utiliser la pulpe des tomates pour préparer une soupe ou un taboulé.

INFO SANTÉ

• Le thon est un excellent poisson riche en protéines et en acides gras insaturés (ceux qui sont bons pour le cholestérol).
• Les enfants l'aiment beaucoup en général car il n'a pas d'arêtes et son goût leur plaît.

MENU

RAPIDE	FAIT MAISON
Tomates farcies au thon	Tomates farcies au thon
Omelette aux pommes de terre	Pizza, p. 75
Fromage blanc aux fraises	Yaourt

LES PLATS

CAKE AU THON ET AUX OLIVES

Pour 4 personnes

Préparation : 20 min

Cuisson : 40 min

300 g de thon au naturel en boîte
100 g de farine
100 g de fromage râpé
3 œufs
20 g de beurre (moule)
10 cl d'huile de tournesol
1 sachet de levure chimique
1 boîte d'olives vertes dénoyautées (facultatif)
Sel, poivre du moulin

1. Préchauffer le four à 210 °C (th. 7).
2. Ouvrir les boîtes de thon, jeter le jus et émietter le thon dans un grand plat.
3. Ajouter la farine, la mélanger au thon, puis ajouter les œufs, l'huile, la levure, le fromage, du sel et du poivre. Bien mélanger le tout.
4. Ajouter les olives bien égouttées.
5. Beurrer le moule et y verser le mélange.
6. Faire cuire au four pendant 40 min.
7. Servir ce cake froid en tranches.

ASTUCES

- **Accompagnez ce cake de salade verte.**
- **Le thon est riche en bons acides gras.**
- **Préparez ce cake pour les pique-niques, l'apéritif ou les buffets.**

MENU

RAPIDE

Cake au thon et aux olives, salade verte, tomates et œufs durs en rondelles
Fromage blanc et cubes de pomme

FAIT MAISON

Panier de légumes à croquer, p. 45
Cake au thon et aux olives
Crème renversée au caramel, p. 110

CABILLAUD SAUCE MOUTARDE

Pour 4 personnes

Préparation : 10 min

Cuisson : 15 min

4 tranches de filet de cabillaud (frais ou surgelé)
20 cl de crème fraîche
4 cuil. à café de moutarde de Dijon
Sel, poivre du moulin

1. Préchauffer le four à 210 °C (th. 7).
2. Dans un bol, mélanger la crème fraîche, la moutarde, du sel et du poivre.
3. Étaler les filets de poisson dans un plat et les recouvrir de la sauce moutarde.
4. Enfourner pour 15 min de cuisson. Si le poisson est surgelé, laisser cuire 25 min.
5. Servir dès la sortie du four.

ASTUCE MARCHÉ

Ce plat peut se préparer avec un autre filet de poisson blanc : merlan, limande, sole, carrelet… Vous pouvez ajouter des tranches de tomate et de citron.

INFO SANTÉ

• Le cabillaud est dépourvu de gras.
• Ses arêtes sont en général assez grosses, donc plus faciles à ôter que chez d'autres poissons !

MENU

RAPIDE	FAIT MAISON
Potage de légumes et fromage râpé Cabillaud sauce moutarde, riz complet Fruit	Melon Limande sauce moutarde, pommes de terre Fromage Crumble aux pommes et aux abricots, p. 113

ESCALOPES DE POULET
SAUCE MOUTARDE

Pour 4 personnes
Préparation : 5 min
Cuisson : 5 min

6 escalopes de poulet
2 cuil. à soupe rases de moutarde forte de Dijon
5 cuil. à soupe rases de crème fraîche (éventuellement allégée)
1 cuil. à soupe d'huile d'olive
Sel, poivre du moulin

1. Verser l'huile dans une poêle posée sur feu vif. Quand l'huile crépite un peu, y déposer les escalopes de poulet et les faire cuire sur une face.

2. Quand elles sont bien dorées, baisser le feu et les retourner afin qu'elles grillent sur l'autre face. La cuisson dure environ 5 min si les escalopes sont fines. Ce sera plus long si les morceaux sont épais.

3. Arrêter le feu quand le poulet est cuit et mettre les escalopes dans un plat de service. Le recouvrir d'une assiette pour maintenir la viande au chaud.

4. Verser alors dans la poêle : la crème fraîche, la moutarde, du sel et du poivre. Mélanger le tout. Si nécessaire, faire chauffer 1 min. Les sucs de cuisson du poulet vont se décoller et se mêler à la sauce.

5. Verser la sauce sur le poulet et servir chaud.

INFO SANTÉ

• Choisissez un poulet fermier Label rouge.
• Le blanc de poulet ne contient pratiquement pas de gras, alors on peut préparer une sauce à la crème fraîche.

Variante

Escalopes de dinde sauce moutarde. Remplacez les escalopes de poulet par des escalopes de dinde.

MENU

RAPIDE	FAIT MAISON
Salade de tomates et concombre	Salade grecque, p. 49
Escalopes de poulet sauce moutarde, tagliatelles	Escalopes de dinde sauce moutarde, épinards
Flan au chocolat	Gâteau au yaourt aux pommes, p. 120

ESCALOPES DE POULET
ROULÉES AU FROMAGE

Pour 4 personnes

Préparation : 10 min

Cuisson : 10 à 15 min

4 escalopes de poulet
2 fines tranches de jambon fumé
100 g de fromage râpé type emmental
4 cuil. à café de moutarde de Dijon
40 g de farine environ
1 cuil. à soupe d'huile (tournesol, arachide ou mélange de 4 huiles)
Sel, poivre du moulin

1. Couper les tranches de jambon en deux. Étaler 1 escalope de poulet et placer par-dessus 1/2 tranche de jambon, 1 cuil. à café de moutarde et du fromage râpé. Poivrer. Rouler l'escalope sur elle-même et la maintenir enroulée avec 1 ou 2 piques en bois. Recommencer avec les autres escalopes.

2. Placer la farine dans une assiette à soupe et rouler chaque escalope dedans.

3. Faire chauffer l'huile dans une poêle et y placer les escalopes, laisser griller de tous les côtés puis baisser le feu. La viande doit cuire environ 10 à 15 min à couvert. Saler, poivrer et servir.

INFO SANTÉ

Le blanc de poulet ne contient pratiquement pas de gras.

IDÉE GOURMANDE

Ces escalopes sont délicieuses avec des champignons de Paris revenus dans un peu de beurre ou d'huile d'olive également accompagnées d'une purée de pommes de terre.

MENU

RAPIDE	FAIT MAISON
Champignons de Paris sautés	Salade de surimis au kiwi, p. 48
Escalopes de poulet roulées au fromage, purée en flocons	Escalopes de poulet roulées au fromage, purée orange, p. 101
Fruit	Meringue glacée au caramel, p. 127

FILETS DE SOLE EN PAPILLOTE

Pour 4 personnes

Préparation : 10 min

Cuisson : 12 min

8 filets de soles (frais ou surgelés)
2 tomates
4 rondelles de citron
4 cuil. à café de persil plat haché (frais ou surgelé)
4 cuil. à café d'huile d'olive
Sel, poivre du moulin

1. Préchauffer le four à 210 °C (th. 7).
2. Découper 4 grandes feuilles de papier aluminium. Rouler les filets de sole et les placer au centre de chaque feuille. Ajouter 1/2 tomate coupée en dés, 1 cuil. à café d'huile d'olive, 1 cuil. à café de persil haché, 1 rondelle de citron, du sel et du poivre.
3. Refermer les papillotes et les placer sur un plat allant au four. Enfourner pour 12 min de cuisson. Compter 20 min de cuisson si le poisson est surgelé.
4. Servir directement dans la papillote avec du riz par exemple.

ASTUCE MARCHÉ

Il est possible d'utiliser d'autres filets de poissons moins onéreux : limande, flétan, perche, etc.

MENU

RAPIDE	FAIT MAISON
Salade Filets de limande en papillote, semoule Flan au caramel	Taboulé, p. 57 Filets de sole en papillote, haricots verts Dame blanche aux poires, p. 114

FILETS MIGNONS DE PORC GRATINÉS

Pour 4 personnes
Préparation : 15 min
Cuisson : 50 min à 1 h

1 filet mignon de porc (500 g environ)
8 fines tranches de bacon
500 g d'oignons émincés surgelés
20 g de beurre
3 cuil. à soupe de crème fraîche
4 cuil. à soupe de ketchup
Sel, poivre du moulin

1. Préchauffer le four à 210 °C (th. 7).
2. Faire fondre le beurre dans une casserole posée sur feu doux. Lorsqu'il est fondu, ajouter les oignons et les laisser cuire à feu doux à découvert pendant 30 à 40 min : ils doivent devenir tendres et ne pas brûler.
3. Placer les oignons cuits dans un plat allant au four. Déposer 4 tranches de bacon sur le lit d'oignons. Couper le filet de porc en 4 parts égales et les déposer sur les tranches de bacon. Déposer les tranches de bacon restantes sur les morceaux de viande. Mettre le plat dans le four et laisser cuire 15 min.
4. Mélanger dans un bol la crème fraîche, le ketchup, du sel et du poivre ; arroser le plat de cette sauce et le remettre au four pour 5 min. Le filet mignon ne doit pas être trop cuit contrairement aux autres morceaux de porc : il doit rester un peu rosé à l'intérieur.
5. Servir aussitôt.

INFO SANTÉ

Le filet mignon n'est pas plus gras que le steak. Il faut simplement ôter le gras blanc qui entoure le filet.

ASTUCE

Si vraiment tu n'aimes pas les oignons, tu peux les supprimer ou laisser tes parents les manger… eux se régaleront !

MENU

RAPIDE

Salade de maïs et de tomates
Filets mignons de porc gratinés, poêlée de légumes
Petits-suisses

FAIT MAISON

Salade 3 couleurs, p. 50
Filets mignons de porc gratinés, purée de pois cassés
Yaourt

FLAN DE THON
AU COULIS DE TOMATE

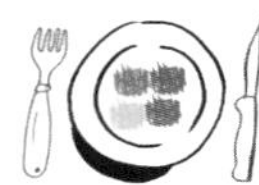

Pour 4 personnes
Préparation : 10 min
Cuisson : 40 min

400 g de thon au naturel en boîte
6 œufs
30 cl de crème fraîche allégée
1 boîte de coulis de tomate (30 cl environ)
20 g de beurre (moule)
Sel, poivre du moulin

1. Faire préchauffer le four à 210 °C (th. 7).
2. Ouvrir les boîtes de thon, enlever le jus et émietter la chair dans un saladier.
3. Casser les œufs dans le saladier. Ajouter la crème fraîche, du sel et du poivre. Bien mélanger.
4. Beurrer un moule à cake et y verser la préparation.
5. Déposer le moule à cake dans un plat plus grand et le remplir d'eau à la moitié de sa hauteur. Mettre ce bain-marie au four et faire cuire 40 min.
6. Quand le flan est cuit, sortir le moule du four, attendre quelques minutes avant de le démouler dans un plat (on peut glisser un couteau le long des bords pour aider au démoulage).
7. Servir avec le coulis de tomate ou du ketchup.

INFO SANTÉ

Le thon est excellent pour la santé, il contient autant de protéines qu'un steak.

MENU

RAPIDE

Salade verte
Flan de thon au coulis de tomate, riz au curry
Fromage
Poire

FAIT MAISON

Salade d'endives, pommes et tomates
Flan de thon au coulis de tomates, semoule
Gâteau au chocolat, p. 119

GÂTEAU DE CRÊPES

Pour 4 personnes
Préparation : 15 min

Pour le gâteau froid :
6 crêpes (voir p. 111)
3 tomates
1 concombre
1/2 salade verte
2 œufs
De la sauce salade (achetée au rayon huile)

Pour le gâteau chaud :
6 crêpes (voir p. 111)
4 tranches de jambon blanc ou 8 tranches de bacon
100 g de fromage râpé
3 tomates
1/2 salade verte

Gâteau froid

1. Faire durcir les œufs 10 min dans l'eau bouillante. Séparer les feuilles de la salade et jeter celles qui sont abîmées. Laver la salade deux fois dans beaucoup d'eau. Ne pas la laisser tremper, elle perdrait ses vitamines. Essorer les feuilles de salade.
2. Laver les tomates, les essuyer et les couper en rondelles. Peler le concombre et le couper en rondelles. Écaler les œufs et les couper en rondelles.
3. Placer 1 crêpe froide dans un plat de même diamètre ou légèrement plus grand et disposer dessus 1/5 des légumes coupés en rondelles, 1/5 de la salade coupée en petits morceaux, 1/5 des rondelles d'œufs durs et 1/5 de sauce salade (pas trop !). Recouvrir de 1 crêpe et recommencer en alternant les couches de crêpes et de garniture. Terminer par 1 crêpe.

Gâteau chaud

1. Laver les tomates et les couper en rondelles. Couper le jambon (ou le bacon) et la salade préparée en petits morceaux.
2. Alterner 1 crêpe chaude et les ingrédients choisis. Terminer par 1 crêpe. Réchauffer 1 min au four à micro-ondes ou 10 min à four chaud (180 °C, th. 6).
3. Couper le gâteau en quatre et servir.

MENU

RAPIDE	FAIT MAISON
Gâteau de crêpes froid, salade verte Fromage Glace	Gâteau de crêpes chaud Salade 3 couleurs, p. 50 Crème renversée au caramel, p. 110

HAMBURGERS

Pour 4 personnes

Préparation : 10 min

Cuisson : 4 min

4 pains à hamburger
4 steaks hachés de 50 g
8 tranches de fromage à hamburger
8 feuilles de salade
Cornichons
Ketchup

1. Préchauffer le four à 150 °C (th. 5).
2. Faire cuire les steaks hachés dans une poêle antiadhésive, 2 min de chaque côté (ils doivent rester rouges à l'intérieur, sauf si on les préfère très cuits). Si les steaks sont surgelés, ils doivent cuire plus longtemps.
3. Ouvrir les pains à hamburger en deux, placer une tranche de fromage sur chaque 1/2 pain et les laisser réchauffer au four sur une grille pendant que les steaks cuisent.
4. Glisser un steak sur un 1/2 hamburger. Ajouter 2 feuilles de salade, un peu de ketchup et des cornichons (entiers ou émincés), refermer le pain.
5. Servir aussitôt.

INFO SANTÉ

Un menu au fast-food (frites, soda, crème glacée) représente 1 500 kcal (c'est la quantité de calories que doit absorber un jeune de 10 ans en 1 journée) et 57 g de gras ! Le menu fait maison représente environ 700 kcal et 27 g de gras !

MENU

RAPIDE	FAIT MAISON
Salade de tomates	Salade verte
Hamburgers, frites à four surgelées	Hamburgers, frites légères au four, p. 93
Yaourt à boire	Glace au yaourt à la framboise, p. 125

HARICOTS ROUGES
AU THON ET À LA TOMATE

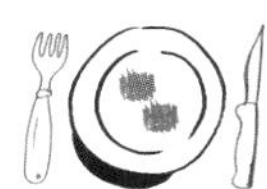

Pour 4 personnes
Préparation : 5 min
Cuisson : 15 min

1 grande boîte de haricots rouges (800 g)
400 g de thon au naturel en boîte
2 oignons (ou 2 poignées d'oignons surgelés)
2 tomates
3 cuil. à soupe de coriandre ciselée (fraîche ou surgelée)
1 cuil. à soupe d'huile
Poivre du moulin

1. Éplucher les oignons et les émincer.
2. Dans une poêle antiadhésive, faire revenir les oignons à feu doux dans l'huile chaude. Quand ils sont cuits (10 min environ), ajouter les haricots rouges, le thon égoutté et émietté et laisser réchauffer 3 min.
3. Couper les tomates en petits morceaux et les mélanger à la préparation. Ajouter la coriandre et du poivre, laisser cuire encore 1 min.
4. Servir bien chaud.

ASTUCE

Ce plat est plein de bonnes choses pour la santé, il est vite fait, original, économique et se sert seul puisqu'il est déjà composé de poisson, de légumes et de féculents.

MENU

RAPIDE	FAIT MAISON
Salade verte et cubes de mimolette Haricots rouges au thon et à la tomate Clémentines	Salade verte Haricots rouges au thon et à la tomate Crème renversée au caramel, p. 110

JAMBON CHAUD AUX CHAMPIGNONS

Pour 4 personnes

Préparation : 10 min

Cuisson : 15 min

4 tranches de bon jambon blanc (pas trop fines) ou 1 talon de jambon coupé en lamelles
500 g de champignons de Paris
20 cl de crème fraîche allégée
25 g de beurre
Sel, poivre du moulin

1. Bien laver les champignons, enlever le bout terreux et les couper en rondelles.
2. Déposer le beurre dans une poêle. Quand il mousse, mettre les tranches de jambon à dorer.
3. Quand elles sont chaudes, ajouter les champignons et faire cuire à feu vif. Ne pas mettre de couvercle pour que l'eau des champignons s'évapore, puis couvrir et poursuivre la cuisson tranquillement.
4. Quand les champignons sont cuits, éteindre le feu et ajouter la crème fraîche. Goûter la sauce, saler et poivrer.
5. Servir aussitôt.

INFO SANTÉ

- Les champignons sont un excellent légume d'accompagnement. Les enfants les apprécient avec la sauce.
- Pour remplacer les champignons frais, vous pouvez utiliser 1 grande boîte de champignons au naturel.

MENU

RAPIDE

Concombres en salade
Jambon chaud aux champignons, pommes de terres vapeur
Glace à la fraise

FAIT MAISON

Salade de maïs
Jambon chaud aux champignons, jardinière de légumes, p. 95
Far breton, 115

ŒUFS BROUILLÉS AU ROQUEFORT

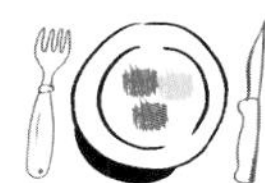

Pour 4 personnes
Préparation : 5 min
Cuisson : 10 min
6 à 8 œufs
75 g de roquefort (ou de bleu d'Auvergne)
20 g de beurre
Sel, poivre du moulin

1. Casser les œufs dans un grand saladier, bien mélanger avec un fouet, ajouter le roquefort émietté, 1 pincée de sel, du poivre.
2. Faire fondre à feu doux le beurre dans une poêle et verser d'un coup les œufs. Mélanger et poursuivre la cuisson en tournant sans cesse avec une cuillère en bois.
3. Les œufs sont cuits quand ils sont « pris » mais restent moelleux, il faut alors arrêter immédiatement la cuisson et servir. Si les œufs cuisent trop ils deviennent secs et c'est moins bon.

ASTUCE

Les œufs apportent des protéines de qualité et remplacent la viande ou le poisson.

MENU

RAPIDE	FAIT MAISON
Soupe à la tomate	Soupe rouge, p. 55
Œufs brouillés au roquefort, pain grillé légèrement beurré	Œufs brouillés au roquefort, salade verte
Fomage blanc avec des cubes de poire	Gaufres, p. 121

ŒUFS COCOTTE

Pour 4 personnes
Préparation : 5 min
Cuisson : 6 à 7 min

4 ou 8 œufs
1 petit pot de crème fraîche (20 cl)
60 g de fromage râpé
20 g de beurre
Sel, poivre du moulin

1. Préchauffer le four à 180 °C (th. 6).
2. Beurrer 4 ramequins, casser les œufs dedans (1 ou 2 par personne selon l'appétit des convives), déposer par-dessus 1 cuil. à café de crème fraîche, du fromage râpé, du sel et du poivre.
3. Enfourner pour 6 à 7 min.
4. Les œufs sont cuits quand le jaune reste mou et le blanc translucide mais pris.
Servir aussitôt.

ASTUCE

**Les œufs apportent des protéines excellentes pour la santé.
Ils peuvent être consommés fréquemment (sauf en cas d'excès de cholestérol).**

MENU

RAPIDE	FAIT MAISON
Soupe aux légumes	Taboulé, p. 57
Œufs cocotte, pain grillé et fromage	Œufs cocotte, salade d'endives
Pomme	Charlotte à l'ananas, p. 106

OMELETTE SOUFFLÉE

Pour 4 personnes
Préparation : 10 min
Cuisson : 5 min

6 œufs
50 g de fromage râpé
20 g de beurre
1 cuil. à soupe d'huile
Sel, poivre du moulin

1. Séparer les blancs des jaunes de 3 œufs. Monter les 3 blancs d'œufs en neige avec 1 pincée de sel.
2. Mélanger les jaunes restants avec les 3 œufs entiers, le fromage, du sel et du poivre. Incorporer très doucement les blancs en neige.
3. Faire chauffer une poêle avec le beurre et l'huile. Quand la matière grasse grésille, verser d'un coup le mélange d'œufs. Laisser cuire 2 min à feu vif, placer un couvercle puis baisser le feu afin de poursuivre la cuisson sans brûler.
4. L'omelette est cuite quand le milieu reste moelleux mais pas liquide. La servir directement à table ou essayer de la démouler : glisser une spatule sous l'omelette et la déposer dans un plat.
5. Si la poêle n'est pas très grande, il faudra faire cuire l'omelette en 2 fois.

ASTUCE

C'est le plat typique quand le réfrigérateur est presque vide, ou que l'on est très pressé. On peut garnir l'omelette de restes (fromage, épinards…).

MENU

RAPIDE	FAIT MAISON
Salade de tomates et concombre	Soupe blanche d'hiver, p. 52
Omelette soufflée, pâtes	Omelette soufflée, salade
Flan au caramel	Charlotte aux fraises ou aux framboises, p. 107

PÂTES AU SAUMON

Pour 4 personnes

Préparation : 5 min

Cuisson : 10 min

250 g de pâtes (de type *penne* par exemple)
200 g de saumon fumé
1/2 citron (jus)
20 cl de crème fraîche allégée
Sel, poivre du moulin

1. Couper le saumon en lamelles. Presser le demi-citron.
2. Faire cuire les pâtes dans beaucoup d'eau bouillante salée, en respectant le temps de cuisson indiqué sur l'emballage.
3. Faire chauffer doucement à feu très doux la crème fraîche dans une casserole, bien mélanger avec une cuillère en bois. Quand elle est chaude, arrêter le feu et ajouter le saumon et le jus de citron.
4. Quand les pâtes sont cuites, bien les égoutter et les mettre dans un plat. Ajouter la sauce à la crème fraîche, du poivre et bien mélanger. Servir bien chaud.

Variante

Vous pouvez utiliser de la truite fumée pour changer.

ASTUCE

Les pâtes sont bien meilleures quand elles ne sont pas trop cuites (elles sont encore un peu croquantes, *al dente*) et surtout bien chaudes. Comme elles refroidissent très vite, on peut égoutter les pâtes au-dessus du plat que l'on va utiliser à table, il deviendra très chaud grâce à l'eau bouillante des pâtes.

MENU

RAPIDE	FAIT MAISON
Salade de betteraves aux œufs durs	Salade 2 couleurs, p. 50
Pâtes au saumon	Pâtes au saumon et au parmesan
Yaourt	Pêches en papillote, p. 132

PIZZA

Pour 4 personnes
Préparation : 10 min
Cuisson : 10 à 15 min

1 pâte à pizza de 250 g (toute prête ou 1 pâte à pain)
1 pot de sauce tomate cuisinée (au choix)
1 boule de mozzarella

Pizza au jambon
2 tranches de jambon
200 g de champignons de Paris
75 g d'emmental râpé

Pizza au thon
400 g de thon au naturel en boîte
75 g d'emmental râpé
Olives noires

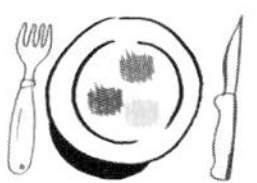

Pizza aux lardons
125 g de lardons
2 oignons émincés et revenus à la poêle
75 g d'emmental râpé

Pizza au saumon
2 tranches de saumon fumé
10 cl de crème fraîche allégée
1/2 citron (jus)

Pizza au fromage
150 g de restes de fromages (roquefort, emmental, mimolette, raclette etc.) coupés en petits morceaux

INFO SANTÉ

La pizza a une mauvaise réputation diététique et pourtant, préparée avec de la pâte à pain et une garniture de qualité, riche en légumes et en bon fromage, elle est beaucoup moins grasse qu'une tarte salée. Ce qui n'est pas diététique, c'est l'accompagnement mal choisi (frites, soda, crème glacée).

1. Préchauffer le four à 240 °C (th. 8).

2. Étaler la pâte à pizza le plus finement possible et la poser sur une plaque allant au four recouverte de papier cuisson. Cela facilitera le démoulage. S'il n'y a pas de papier cuisson, huiler la plaque.

3. Étaler la sauce tomate puis répartir des petits morceaux de mozzarella. Ajouter ensuite la garniture choisie.

4. Enfourner pour 10 à 15 min. Servir chaud.

MENU

RAPIDE
Salade de tomates et concombre
Pizza au thon
Yaourt à boire

FAIT MAISON
Salade au melon, magret de canard et figues, p. 47
Pizza au fromage
Compote d'abricots

POISSON PANÉ MAISON

Pour 4 personnes
Préparation : 10 min
Cuisson : 8 à 10 min

4 filets de cabillaud (100 g chacun)
2 œufs
100 g de chapelure
1 citron (jus)
3 cuil. à soupe d'huile

1. Casser les œufs dans une assiette à soupe et les fouetter avec une fourchette pour bien mélanger les jaunes et les blancs.
2. Mettre la chapelure dans une seconde assiette.
3. Prendre 1 filet de poisson, le tremper dans l'œuf battu en le retournant pour qu'il y ait de l'œuf des 2 côtés, puis le mettre dans l'assiette de chapelure et le retourner à plusieurs reprises pour qu'il soit complètement recouvert de chapelure. Le réserver.
4. Recommencer la même opération avec les autres filets.
5. Faire chauffer la poêle avec 2 cuil. à soupe d'huile ; quand l'huile est chaude, placer 2 filets de poisson dans la poêle. Au bout de 2 min, les retourner et les laisser cuire encore 2 à 3 min.
6. Le poisson est cuit quand on peut enfoncer facilement la pointe d'un couteau au centre ; mettre alors les 2 filets dans un plat (recouvert d'une assiette, pour maintenir les poissons au chaud) et recommencer la même opération avec les 2 autres filets.
7. Servir avec un filet de jus de citron.

Variante

Vous pouvez remplacer le cabillaud par un autre poisson à chair blanche (colin, limande, merlan…).

MENU

RAPIDE	FAIT MAISON
Carottes râpées	Poisson pané maison,
Poisson pané maison, purée en flocons	gratin de courgettes, p. 94
Fromage	Fromage, pain
Compote de pommes	Brochettes de fruits, p. 105

PORC AU LAIT

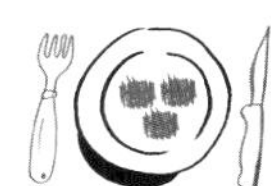

Pour 4 personnes
Préparation : 10 min
Cuisson : 3 h 10

600 g de filet de porc
50 cl de lait
25 g de beurre
1 oignon (ou 1 poignée d'oignons surgelés)
3 gousses d'ail
6 carottes (ou plus)
1 branche de thym
Sel, poivre du moulin

1. Peler l'oignon et les gousses d'ail. Émincer l'oignon. Éplucher les carottes.
2. Mettre le beurre à fondre dans une cocotte. Quand il mousse, faire dorer la viande entière avec l'oignon émincé et les gousses d'ail entières.
3. Retourner la viande afin qu'elle soit dorée sur toutes les faces.
4. Ajouter alors les carottes coupées en grosses rondelles de 2 cm, le lait, du sel, du poivre et le thym.
5. Placer le couvercle et laisser cuire doucement pendant 3 h.
6. C'est normal si, à la fin, la sauce est un peu épaisse. Si elle est trop liquide, terminer la cuisson sans couvercle ; si elle est trop épaisse, ajouter un peu de lait. Servir chaud.

MENU

RAPIDE	FAIT MAISON
Salade de tomates	Salade verte
Porc au lait, semoule	Porc au lait, riz parfumé à la noix de coco
Fromage	
Raisin	Glace au yaourt à la framboise, p. 125

PORC AUX ABRICOTS SECS

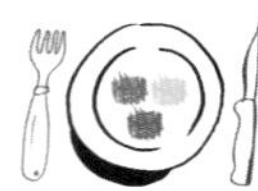

Pour 4 personnes

Préparation : 15 min

Cuisson : 1 h 10

600 g de filet de porc
100 g de lardons en dés
1 petite bouteille de bière blonde (33 cl)
200 g d'abricots secs
2 cuil. à soupe d'huile
2 feuilles de laurier
Sel, poivre du moulin

1. Couper le porc en petits cubes de 3 cm de côté (ou bien le faire couper par le boucher).
2. Mettre l'huile à chauffer dans une casserole. Quand elle est chaude, ajouter les lardons et le porc, faire revenir de façon à ce que les morceaux grillent bien de chaque côté.
3. Ajouter alors la bière, les abricots secs, le laurier, du sel et du poivre. Laisser cuire doucement avec un couvercle pendant 1 h. Avant de servir, vérifier que la viande soit bien cuite ; pour cela planter une pointe de couteau dans un morceau de viande qui doit être tendre.
4. Servir la viande avec des pâtes, du riz ou des pommes de terre.

ASTUCES

- Le filet de porc, si on enlève le gras blanc autour n'est pas une viande grasse. La viande blanche est aussi bonne pour la santé que la viande rouge.
- C'est un mélange salé-sucré amusant. Ne pas s'inquiéter de la présence de bière, on ne sentira pas son goût.

MENU

RAPIDE	FAIT MAISON
Melon	Salade grecque, p. 49
Porc aux abricots secs, pâtes	Porc aux abricots secs, riz mélangés (rouge, complet, blanc)
Crème à la vanille	Fromage blanc à la noix de coco, p. 117

POULET RÔTI
À LA COMPOTE DE POMMES

Pour 4 personnes
Préparation : 10 min
Cuisson : 1 h

1 poulet de 1 kg environ
1 kg de pommes à cuire (type belle de boskoop par exemple)
30 g de beurre
1 cuil. à soupe d'huile (tournesol ou mélange de 4 huiles)
Sel, poivre du moulin

1. Faire préchauffer le four à 210 °C (th. 7).
2. Placer le poulet entier, les pattes au dessus, dans un plat allant au four, le badigeonner avec l'huile, le saler et le poivrer.
3. Le faire cuire 1 h dans le four chaud.
4. Pendant que le poulet est en train de cuire, couper les pommes en quatre et les éplucher. Mettre le beurre dans une casserole et le laisser fondre à feu doux, ajouter alors les morceaux de pommes, et remuer. Baisser le feu et laisser cuire doucement à couvert (vérifier qu'elles ne brûlent pas, si elles attachent au fond de la casserole ajouter un demi-verre d'eau). Les pommes vont cuire 30 à 40 min et se transformer en compote.
5. Servir le poulet découpé avec la compote de pommes bien chaude et des pommes de terre cuites à l'eau.

ASTUCE

Les fruits cuits apportent plus de fibres mais moins de vitamines que les fruits crus.

MENU

RAPIDE	FAIT MAISON
Poulet rôti à la compote de pommes	Salade verte
Pommes de terre vapeur	Poulet rôti à la compote de pommes, pommes de terre au four, p. 98
Glace à la vanille avec salade de fruits frais	Crème renversée au caramel, p. 110

QUICHE LORRAINE

Pour 4 personnes

Préparation : 5 min

Cuisson : 30 min

250 g de pâte feuilletée pur beurre, prête à dérouler
150 g de jambon blanc
3 œufs
100 g de fromage râpé
20 cl de crème fraîche
20 g de beurre
Noix muscade râpée (facultatif)
Sel, poivre du moulin

1. Préchauffer le four à 210 °C (th. 7).
2. Couper le jambon en dés. Étaler la pâte sur un plat à tarte beurré.
3. Dans un saladier, mélanger les œufs, la crème fraîche, le fromage râpé, les dés de jambon, 1 pincée de sel, poivrer et ajouter une pointe de noix muscade râpée.
4. Verser le mélange sur la pâte et faire cuire le tout 30 min au four.
5. Servir chaud.

Variante

Quiche au fromage. Supprimez le jambon et augmentez la quantité de fromage râpé : 250 g de fromages à pâte dure (gruyère râpé, emmental, comté...).

ASTUCE

La quiche au fromage peut aussi se préparer avec des restes de fromages : râpez-les avant de les utiliser.

MENU

RAPIDE	FAIT MAISON
Soupe de légumes	Salade 3 couleurs, p. 50
Quiche lorraine, salade verte	Quiche au fromage
Compote d'abricots	Fromage blanc aux fruits, p. 118

RÔTI DE BŒUF HACHÉ

Pour 4 personnes
Préparation : 20 min
Cuisson : 1 h

600 g de viande de bœuf haché
500 g de chair à saucisse
3 œufs
1/2 verre de lait
20 g de beurre (moule)
2 oignons ou 1 boîte de champignons de Paris
1 bouquet de persil plat
4 biscottes
Sel, poivre du moulin

1. Préchauffer le four à 180 °C (th. 6).
2. Laver le persil et le sécher, le hacher au hachoir à herbes.
3. Éplucher les oignons et les râper (ou bien les couper en petits morceaux). Si les yeux piquent, mettre les mains sous l'eau avant de recommencer. On peut aussi utiliser 2 poignées d'oignons surgelés. On peut remplacer les oignons par une boîte de champignons, bien les égoutter avant de les utiliser.
4. Mettre les biscottes dans un bol et verser dessus le lait, laisser tremper.
5. Dans un grand saladier, mélanger les 2 viandes, les œufs, le persil haché, les oignons (ou les champignons), les biscottes trempées, du sel et du poivre. Bien mélanger, éventuellement avec les mains.
6. Répartir la préparation dans 2 moules à cake beurrés et les faire cuire 1 h au four.
7. Démouler le rôti et servir chaud ou froid.

ASTUCES

- **Vous pouvez congeler un des deux rôtis et le servir plus tard.**
- **Ce rôti est délicieux chaud ou froid.**
- **Avec cette recette, on peut former deux rôtis, le premier sera mangé chaud et le deuxième froid le lendemain.**

MENU

RAPIDE	FAIT MAISON
Salade de champignons Rôti de bœuf haché chaud, purée de carottes surgelée Riz au lait	Taboulé, p. 57 Rôti de bœuf haché froid mayonnaise, salade de pousses d'épinards Charlotte à l'ananas, p. 81

SAUMON EN PAPILLOTE ET AU LARD

Pour 4 personnes
Préparation : 10 min
Cuisson : 12 min

4 tranches (ou morceaux) de saumon frais
8 fines tranches de lard fumé
4 bonnes cuil. à café de crème fraîche allégée
4 branches de thym (facultatif)
Sel, poivre du moulin

1. Préchauffer le four à 210 °C (th. 7).
2. Découper 4 carrés de 25 cm de côté dans de l'aluminium.
3. Sur chaque feuille, placer 1 morceau de saumon, 1 cuil. à café de crème fraîche, 1 tranche de lard. Placer 1 deuxième tranche de lard par-dessus afin de former une croix. Saler légèrement (pas trop à cause du lard) et poivrer. Ajouter le thym (facultatif) et refermer la papillote.
4. Placer dans le four et laisser cuire pendant 12 min environ.
5. Avant de servir, vérifier que le saumon est cuit : il doit rester un peu cru au centre, il sera ainsi plus moelleux.

ASTUCES

• Le saumon est en général apprécié des enfants. C'est un bon moyen de les éveiller au goût du poisson.
• Le saumon est un poisson gras mais il est excellent pour la santé car il apporte de « bons acides gras ».

MENU

RAPIDE	FAIT MAISON
Melon	Salade de tomates
Saumon en papillote et au lard, pommes de terres sautées	Saumon en papillote et au lard, purée blanche
Petits-suisses aux fruits	Flan à la noix de coco, p. 116

SAUMON SAUCE CITRON

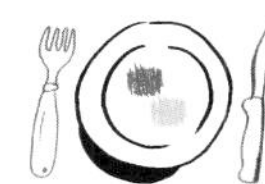

Pour 4 personnes
Préparation : 5 min
Cuisson : 9 à 12 min

6 petits pavés de saumon avec la peau (demander au poissonnier de découper des morceaux de 150 g environ)
100 g de beurre demi-sel
20 cl de crème fraîche allégée
1 citron (jus)
Thym frais ou en poudre
Gros sel, poivre du moulin

1. Dans une grande poêle, placer les morceaux de saumon directement, côté peau en dessous.
2. Saupoudrer de gros sel, de poivre et de thym.
3. Faire cuire le saumon à couvert à feu vif quelques minutes puis baisser le feu et poursuivre la cuisson environ 7 à 10 min. Le temps de cuisson dépend de l'épaisseur du saumon, il doit être encore un peu rosé à l'intérieur (comme pour le steak haché).
4. Pendant que le poisson est en train de cuire, préparer la sauce. Dans un bol, mettre la crème fraîche, le jus du citron, le beurre salé coupé en petits morceaux et du poivre. Placer le bol 2 min au four à micro-ondes ou au bain-marie.
5. Mélanger vivement avec un fouet et goûter la sauce, il manque peut-être un peu de sel.
6. Servir les pavés de saumon et la sauce à part.

ASTUCE GOURMANDE

• La sauce au citron peut être utilisée pour d'autres poissons… elle permet aux enfants d'apprivoiser le poisson !

MENU

RAPIDE	FAIT MAISON
Salade de concombre Saumon sauce citron, pommes de terre à l'eau Glace	Salade de tomates Saumon sauce citron, semoule Fromage blanc aux fruits, p. 118

SOUFFLÉ AUX ÉPINARDS

Pour 4 personnes

Préparation : 25 min

Cuisson : 55 min

500 g d'épinards surgelés en branche (éviter si possible les épinards hachés)
75 g de farine
60 g de beurre + 20 g (moule)
40 cl de lait
100 g de fromage à pâte cuite (type comté, cantal, gruyère de montagne…)
5 œufs
Noix muscade
Sel, poivre du moulin

1. Préchauffer le four à 210 °C (th. 7).
2. Faire cuire les épinards dans un fond d'eau salée, comme indiqué sur l'emballage. Bien les égoutter.
3. Faire fondre le beurre dans une casserole à feu doux, ajouter la farine et mélanger, laisser cuire 2 min pour obtenir un roux blond. Verser le lait tout doucement sur le roux sans arrêter de remuer. Tourner jusqu'à ce que le mélange devienne assez épais. Saler (modérément, selon le fromage choisi), poivrer, râper de la noix muscade.
4. Séparer les blancs des jaunes d'œufs. Mettre les blancs dans un saladier.
5. Laisser tiédir la sauce au lait, puis incorporer les jaunes d'œufs, le fromage râpé et les épinards grossièrement coupés.
6. Battre les blancs en neige très ferme avec une pincée de sel, et les incorporer délicatement à la préparation en évitant de trop travailler le mélange (c'est le secret de la réussite !).
7. Verser la préparation dans un moule rond à soufflé (ou autre moule rond à bord haut) beurré, enfourner à mi-hauteur et laisser cuire 40 min environ sans ouvrir le four.
8. Servir immédiatement. La cuisson dans un moule en verre est toujours un peu plus longue que dans de la porcelaine à feu. Cuisson dans des ramequins individuels : 15 à 20 min.

MENU

RAPIDE

Soufflé aux épinards, semoule
Pêches au sirop, biscuits

FAIT MAISON

Soufflé aux épinards, pommes de terre vapeur
Salade de fruits, p. 136, congolais, p. 108

SURPRISES AU CHÈVRE ET AUX ÉPINARDS

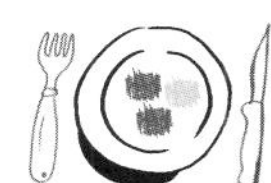

Pour 4 personnes

Préparation : 15 min

Cuisson : 30 min

8 feuilles de brick
300 g d'épinards surgelés (en feuilles ou hachés)
2 fromages de chèvre demi-sec (type crottins de Chavignol)
4 cuil. à café de crème fraîche
30 g de beurre
50 g de fromage râpé
Sel, poivre du moulin

1. Préchauffer le four à 180 °C (th. 6).
2. Faire cuire les épinards dans un fond d'eau salée comme indiqué sur l'emballage, bien les égoutter afin d'ôter le maximum d'eau.
3. Vérifier que les épinards soient cuits, ajouter alors du sel, du poivre, la crème fraîche, le fromage râpé et bien mélanger.
4. Faire fondre le beurre doucement dans une casserole ou au four à micro-ondes.
5. Décoller 1 feuille de brick, la badigeonner de beurre fondu à l'aide d'un pinceau, placer une autre feuille sur la première et l'enduire également de beurre.
6. Au centre des 2 feuilles placer 1/4 des épinards, 1/2 chèvre et refermer les feuilles pour former une aumônière. La fermer avec de la ficelle et recommencer l'opération avec les autres feuilles de brick.
7. Placer les 4 aumônières dans un plat allant au four et faire cuire 15 min à four chaud.
8. Servir bien chaud.

INFO SANTÉ

Les épinards sont très peu caloriques et riches en fibres. Le fer contenu dans les épinards n'est pas très intéressant car il n'est pas absorbé par l'organisme.

MENU

RAPIDE	FAIT MAISON
Pamplemousse Surprises au chèvre et aux épinards Compote de pommes et biscuits	Melon Surprises au chèvre et aux épinards Crumble à la banane et au chocolat, p. 112

TARTE À LA TOMATE

Pour 4 personnes
Préparation : 10 min
Cuisson : 30 min

3 belles tomates
250 g de pâte feuilletée ou brisée pur beurre prête à dérouler
150 g de fromage râpé ou coupé en tranches fines
20 g de beurre (moule)
2 cuil. à soupe de moutarde de Dijon
1 cuil. à soupe d'huile d'olive
Sel, poivre du moulin

1. Préchauffer le four à 210 °C (th. 7).
2. Étaler la pâte sur un moule à tarte beurrée.
3. Laver et essuyer les tomates, les couper en fines rondelles.
4. Étaler la moutarde sur la pâte, répartir dessus le gruyère râpé, les rondelles de tomates, du sel, du poivre et l'huile d'olive.
5. Faire cuire pendant 30 min. Servir la tarte chaude accompagnée d'une salade verte.

ASTUCES

- Voici une tarte végétarienne, qui change de la pizza.
- Vous pouvez remplacer le fromage râpé par des restes de fromage coupés en petits morceaux ou râpés.

MENU

RAPIDE	FAIT MAISON
Soupe de poisson	Soupe au poulet, p. 51
Tarte à la tomate, salade verte	Tarte à la tomate, salade verte
Crème au chocolat	Crème renversée au caramel, p. 110

TOASTS AU FROMAGE
ET À LA TOMATE

Pour 4 personnes

Préparation : 5 min

Cuisson : 10 min

6 tranches de pain de mie
12 portions de fromage fondu (type Vache qui rit)
100 g de fromage râpé
3 tranches de jambon (facultatif)
2 grosses tomates

1. Préchauffer le four à 210 °C (th. 7).

2. Laver et essuyer les tomates, les couper en rondelles.

3. Étaler sur chaque tranche de pain de mie 2 portions de fromage fondu.

4. Poser sur chaque tranche de pain de mie 1 morceau de jambon (facultatif) et 1 rondelle de tomate. Ajouter du fromage râpé.

5. Faire cuire les toasts 10 min au four.

6. Servir aussitôt en comptant 1 toast et demi par personne.

ASTUCE

Ces toasts peuvent être préparés avec des restes de fromages coupés en petits morceaux. Un délicieux moyen d'utiliser les restes.

MENU

RAPIDE	FAIT MAISON
Salade de haricots verts (en conserve ou surgelés)	Salade au melon, magret de canard et figues, p. 47
Toasts au fromage à la tomate	Toasts au fromage et à la tomate
Glace à la noix de coco	Far breton, p. 115

TRAVERS DE PORC GRILLÉS

Pour 4 personnes

Préparation : 10 min

Cuisson : 20 min

800 g de travers de porc dégraissé
3 cuil. à soupe de sauce soja
2 cuil. à soupe de ketchup
1 cuil. à soupe de miel
Thym en branche
Sel, poivre du moulin

La veille

1. Faire couper les travers de porc en morceaux par le boucher et les placer dans un grand plat allant au four.

2. Mélanger la sauce soja, le ketchup, le miel, le thym émietté, du sel et du poivre et recouvrir la viande de cette sauce.

3. Laisser mariner la viande pendant une nuit si possible ou sinon pendant quelques heures au frais.

Le jour même

4. Préchauffer le gril du four.

5. Glisser le plat sous le gril et faire cuire la viande du four pendant 20 min environ, en retournant les travers après 10 min. Vérifier la cuisson en plantant une fourchette dans la chair avant de servir.

ASTUCE GOURMANDE

Ils sont encore meilleurs quand on les mange avec les doigts !

INFO SANTÉ

Les travers de porc sont un peu gras mais on mangera surtout la viande en évitant de consommer les parties grasses.

MENU

RAPIDE	FAIT MAISON
Pastèque	Salade 3 couleurs, p. 50
Travers de porc grillés, purée instantanée	Travers de porc grillés, purée blanche, p. 99
Yaourt	Charlotte aux fraises, p. 107

VEAU AUX CAROTTES

Pour 4 personnes
Préparation : 20 min
Cuisson : 1 h 45

600 g de longe de veau
2 oignons (ou 2 poignées d'oignons surgelés)
500 g de carottes
500 g de champignons de Paris (facultatif)
1 cuil. à soupe d'huile
1 cuil. à soupe de beurre
2 branches de thym
Sel, poivre du moulin

1. Éplucher les carottes et les couper en rondelles, faire de même avec les oignons (pour ne pas pleurer, on peut les couper dans un sac en plastique).
2. Faire fondre le beurre et l'huile dans une casserole, à feu doux. Ajouter la viande et la laisser dorer quelques minutes de tous côtés. Baisser le feu.
3. Ajouter les oignons émincés et continuer la cuisson 10 min. Quand les oignons sont devenus transparents, ajouter les carottes, du sel, du poivre, le thym et 1 verre d'eau. Couvrir et laisser cuire à feu doux environ 1 h 30.
4. Après 30 min de cuisson vérifier s'il y a toujours de l'eau. Si la viande commence à attacher, ajouter un peu d'eau.
5. Si on ajoute des champignons, il faut les laver, enlever leur bout terreux et les couper en lamelles. Les faire revenir dans un peu de beurre dans une poêle environ 10 min et les ajouter à la viande en fin de cuisson.
6. Cette viande est fondante et peut être servie avec des pâtes, du riz ou des pommes de terre vapeur ou à l'eau.

ASTUCE

Pour un plat plus raffiné vous pouvez remplacer les champignons de Paris par des girolles ou des morilles. Ce plat permet de servir des légumes… discrètement !

MENU

RAPIDE	FAIT MAISON
Concombre en salade Veau aux carottes, semoule Fromage Cerises	Salade verte et cubes de fromage Veau aux carottes, frites légère au four, p. 93 Salade de fruits en robe d'ananas, p. 136, et boule de glace

LES LÉGUMES

LES LÉGUMES VERTS ONT TOUS UN APPORT CALORIQUE À PEU PRÈS ÉQUIVALENT (20 À 40 KCAL POUR 100 G). C'EST-À-DIRE FAIBLE ! C'EST LA MANIÈRE DONT ON LES CUISINE QUI LES REND PLUS OU MOINS CALORIQUES. LES POMMES DE TERRE ET LES LÉGUMES SECS (LENTILLES, POIS CASSÉS...) SONT DES GLUCIDES LENTS. ILS NE REMPLACENT PAS LES LÉGUMES VERTS QU'IL FAUT CONSOMMER À CHAQUE REPAS.

FLAN AUX CAROTTES

Pour 4 personnes

Préparation : 15 min

Cuisson : 1 h 30

750 g de carottes
4 œufs
50 cl de lait entier
20 g de beurre (moule)
Sel, poivre du moulin

1. Préchauffer le four à 180 °C (th. 6).

2. Éplucher les carottes et les couper en rondelles. Les placer dans une casserole d'eau salée et les laisser cuire pendant 45 min à couvert (ou 15 min à la Cocotte-Minute).

3. Quand elles sont cuites, les égoutter et les mixer. Faire bouillir le lait. Ajouter les œufs à la purée de carottes, puis le lait bouillant, du poivre et goûter pour vérifier si le mélange est assez salé.

4. Beurrer un moule à gratin et y verser la préparation. Faire cuire au bain-marie pendant 45 min.

4. Servir chaud.

Variante

Vous pouvez aussi préparer un flan au chou-fleur ou aux brocolis avec les mêmes quantités de légumes. Égouttez au maximum les légumes pour qu'il y ait le moins d'eau possible et n'utilisez que 25 cl de lait.

MENU

RAPIDE	FAIT MAISON
Salade verte	Salade d'endives aux noix
Flan aux carottes, riz	Flan aux carottes, jambon fumé
Fromage	Fromage
Compote de pommes	Salade de fruits et madeleines, p. 126

FRITES LÉGÈRES AU FOUR

Pour 4 personnes

Préparation : 10 min

Cuisson : 45 min

800 g de pommes de terre à chair ferme
4 cuil. à soupe d'huile d'olive
1 cuil. à café de gros sel gris de Guérande (si possible)
Poivre du moulin

1. Préchauffer le four à 240 °C (th. 8).
2. Éplucher les pommes de terre et les couper d'abord en tranches puis en longueur pour former des frites. Les laver. Essuyer les frites avec du papier absorbant pour ôter l'humidité.
3. Placer les pommes de terre sur la plaque du four, les arroser avec l'huile d'olive, saupoudrer du gros sel, du poivre, bien mélanger pour que l'huile recouvre bien les frites et placer la plaque dans le haut du four pendant 45 min environ en retournant 1 ou 2 fois afin que tous les côtés soient grillés.
4. À la fin de la cuisson, si les frites ne sont pas assez grillées, allumer le gril du four quelques minutes et bien surveiller afin que les frites ne noircissent pas.

BON À SAVOIR

Si ces frites sont servies aux adultes, vous pouvez ajouter 2 gousses d'ail coupées en lamelles aux pommes de terre. Vous pouvez aussi préparer 2 compartiments sur la plaque : un côté avec ail, un côté sans ail, vous les séparerez par du papier aluminium.

QUELLE ÉCONOMIE !

100 g de ces frites au four apportent 120 kcal et 4,5 g de gras contre 400 kcal et 19 g de gras pour les vraies frites !

MENU

RAPIDE	FAIT MAISON
Salade verte	Salade de tomates
Steak haché	Hamburgers, p. 68
Frites légères au four	Frites légères au four
Crème caramel	Glace au yaourt à l'abricot, p. 124

GRATIN DE COURGETTES

Pour 4 personnes
Préparation : 15 min
Cuisson : 50 min

1,5 kg de courgettes
25 cl de crème fraîche allégée
125 g de fromage râpé
Sel, poivre du moulin

1. Préchauffer le four à 180 °C (th. 6).
2. Laver les courgettes et les couper en rondelles. Les faire cuire dans de l'eau bien salée, soit dans une casserole (15 à 20 min), soit à la Cocotte-Minute avec un fond d'eau (7 min à partir de la rotation de la soupape).
3. Quand les courgettes sont cuites, les égoutter et presser un peu avec une cuillère en bois pour enlever le maximum d'eau. Les placer dans un saladier, ajouter la crème fraîche, le fromage râpé, du poivre et goûter pour vérifier si c'est assez salé (si le plat est trop peu salé, il sera fade).
4. Déposer le mélange dans un plat à gratin et mettre à cuire au four pendant 30 min. Servir chaud.

ASTUCE

- **Cuisinées de cette façon, les courgettes sont douces au goût.**
- **N'épluchez pas les courgettes (sauf si elles ont une peau épaisse) car les vitamines sont surtout concentrées dans la peau.**

MENU

RAPIDE	FAIT MAISON
Gratin de courgettes	Gratin de courgettes
Merguez, semoule	Brochettes, riz complet
Cerises	Oranges givrées, p. 130

JARDINIÈRE DE LÉGUMES

Pour 4 personnes
Préparation : 10 min
Cuisson : 50 min à 1 h 05

500 g de pommes de terre
500 g de carottes
1 oignon frais (ou 1 poignée d'oignons surgelés)
500 g de petits pois frais (ou surgelés)
200 g d'épinards frais (ou surgelés)
1 cuil. à soupe de beurre
1 cuil. à soupe d'huile d'olive
1 branche de thym
Sel, poivre du moulin

1. Éplucher tous les légumes et les couper en morceaux. Émincer l'oignon.
2. Faire fondre doucement le beurre et l'huile dans une grande casserole, ajouter l'oignon émincé et le laisser cuire 5 min avant d'ajouter les autres légumes. Ajouter 2 verres d'eau, du sel et le thym.
3. Faire cuire de 45 min à 1 h avec un couvercle, à feu doux (20 min dans la Cocotte-Minute).
4. Au dernier moment, saupoudrer de poivre (facultatif) et servir bien chaud.

ASTUCE MARCHÉ

Vous pouvez utiliser d'autres légumes au choix : choux-fleurs, navets, céleris, blettes, courgettes, tomates, etc.

IDÉE GOURMANDE

Pour régaler vos enfants avec cette jardinière, vous pouvez écraser les légumes dans l'assiette et laisser fondre un peu de beurre dessus.

MENU

RAPIDE	FAIT MAISON
Salade d'endives	Salade de betteraves
Steak haché,	Jambon,
jardinière de légumes	jardinière de légumes,
Gâteau de riz	Riz au lait, p. 134

LENTILLES AUX LARDONS

Pour 4 personnes

Préparation : 5 min

Cuisson : 30 à 35 min

250 g de lentilles vertes du Puy
100 g de lardons fumés
3 carottes
1 oignon (ou 1 poignée d'oignons surgelés)
1 cuil. à soupe d'huile
Sel, poivre du moulin

1. Rincer les lentilles à l'eau froide dans une passoire. Éplucher l'oignon et les carottes, les couper en morceaux et les faire revenir dans une casserole avec l'huile chaude. Après quelques minutes, ajouter les lardons, puis les lentilles. Verser 50 cl d'eau.

2. Couvrir la casserole et laisser cuire 30 à 35 min à feu doux. Goûter les lentilles pour vérifier qu'elles sont cuites et ajouter alors du sel et du poivre.

3. Servir bien chaud.

Variante

Vous pouvez remplacer les lardons par du jambon en dés ou du saumon fumé (mais dans ce cas, ajoutez le saumon au dernier moment avant de servir).

INFO SANTÉ

Les lentilles sont riches en fibres et en protéines végétales.

MENU

RAPIDE	FAIT MAISON
Salade de tomates Merguez, lentilles aux lardons, Petits-suisses aux fruits	Salade verte Chipolatas, lentilles aux lardons, Glace au yaourt et à l'abricot, p. 124

POÊLÉE DE COURGETTES
À LA TOMATE

Pour 4 personnes
Préparation : 10 min
Cuisson : 10 à 15 min

1 kg de courgettes
1 boîte de purée de tomates (200 g)
2 oignons (ou 2 poignées d'oignons surgelés)
3 cuil. à soupe de pignons de pins
2 cuil. à soupe d'huile d'olive
Sel, poivre du moulin

1. Laver les courgettes, les couper en rondelles, faire de même avec les oignons.
2. Chauffer l'huile dans une grande poêle. Verser les courgettes et les oignons et les cuire à feu vif puis à feu moyen. Saler. Ne pas mettre de couvercle pour que les légumes grillent bien (mais attention qu'ils ne brûlent pas).
3. Après 10 à 15 min environ, les courgettes sont tendres mais pas molles, ajouter alors la purée de tomates, bien mélanger et arrêter le feu.
4. Faire griller les pignons de pins à sec dans une petite poêle (sans les brûler) et les ajouter aux courgettes. Poivrer.
5. Servir bien chaud avec du riz blanc par exemple.

Cette poêlée est mieux appréciée des enfants que la ratatouille. C'est une bonne initiation aux plats méditerranéens.

MENU

RAPIDE	FAIT MAISON
Salade d'endives Côtes de porc, poêlée de courgettes à la tomate, Fromage Figues fraîches	Salade d'épinards Rôti haché, p. 81, poêlée de courgettes à la tomate Yaourt et poire

POMMES DE TERRE AU FOUR

Pour 4 personnes

Préparation : 10 min

Cuisson : 1 h

4 grosses pommes de terre
8 cuil. à café de beurre
80 g de fromage râpé
Sel, poivre du moulin

1. Préchauffer le four à 210 °C (th. 7).
2. Bien laver les pommes de terre et les essuyer. Les poser sur la grille dans le four et les laisser cuire 1 h environ. Les pommes de terre sont cuites quand on peut facilement enfoncer la pointe d'un couteau dedans.
3. Sortir alors les pommes de terre du four, les couper en deux. Sans se brûler, écraser grossièrement chaque moitié en ajoutant 1 cuil. à café de beurre, du sel, le fromage râpé et le poivre. Jeter la peau.
4. Servir aussitôt.

Choisissez si possible des pommes de terre anciennes, à peau épaisse. Les pommes de terre nouvelles ont la peau trop fine.

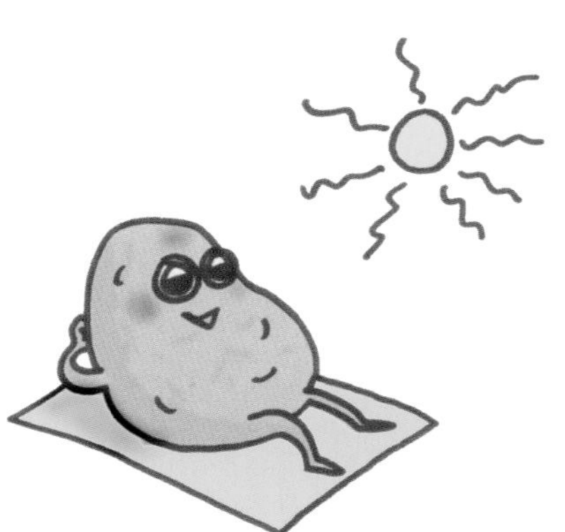

VARIANTE

Remplacez le fromage râpé par la même quantité de roquefort.

MENU

RAPIDE	FAIT MAISON
Salade verte	Salade d'endives
Rôti de bœuf,	Côtes d'agneau grillées,
pommes de terre au four	pommes de terre au four,
Crème caramel	Fromage blanc aux fruits, p. 118

PURÉE BLANCHE

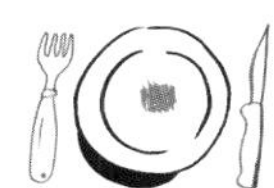

Pour 4 personnes

Préparation : 10 min

Cuisson : 25 min

1 kg de grosses pommes de terre à purée
12 cl de lait environ
3 cuil. à soupe de beurre ou d'huile d'olive
Noix muscade râpée (facultatif)
Sel, poivre du moulin

1. Éplucher les pommes de terre et les couper en morceaux.
2. Les faire cuire environ 20 min dans de l'eau salée ou dans une Cocotte-Minute (8 min). Les pommes de terre sont cuites quand on peut enfoncer facilement un couteau dans la chair.
3. Égoutter les pommes de terre et les transformer en purée avec le mixeur ou le presse-purée.
4. Placer la purée de pommes de terre dans une casserole, ajouter le lait, le beurre ou l'huile d'olive, du poivre et la noix muscade. Mélanger vigoureusement avec une cuillère en bois. Rallumer le feu pour réchauffer la purée en continuant de tourner.
5. Si la purée est trop épaisse, ajouter un peu de lait, goûter pour vérifier s'il y a assez de sel et la servir bien chaude.

ASTUCES

• Vous pouvez préparer une purée avec une boule de céleri, la purée sera parfumée et moins calorique.

• La bonne vraie purée de nos grands-mères est facile à préparer, mais il est préférable de choisir des pommes de terre farineuses (dites pommes de terre à purée).

MENU

RAPIDE

Salade de tomates
Émincés de dinde aux champignons de Paris, purée blanche,
Yaourt

FAIT MAISON

Carottes râpées
Escalopes de poulet sauce moutarde, p. 62, purée blanche
Fromage
Salade de fruits, p. 136

PURÉE DE POIS CASSÉS

Pour 4 personnes
Préparation : 10 min
Cuisson : 1 h 35

400 g de pois cassés
2 carottes
1 oignon
50 g de lardons fumés (facultatif)
1 cuil. à soupe d'huile
Sel, poivre du moulin

1. Éplucher les carottes et l'oignon, les couper en rondelles. Faire chauffer l'huile dans une casserole et ajouter l'oignon, les carottes et les lardons. Laisser cuire à feu doux 5 min.

2. Laver les pois cassés à l'eau froide et les placer dans la casserole. Ajouter 1,5 litre d'eau, du sel, du poivre et faire cuire 1 h 30 environ à feu doux avec un couvercle. Vérifier en cours de cuisson si cela n'attache pas au fond de la casserole (si c'est le cas, ajouter un peu d'eau).

3. Les légumes sont cuits quand les pois sont déjà transformés en purée. S'il y a trop de liquide, en enlever un peu avec une cuillère à soupe.

4. Éteindre le feu et mixer les légumes. Mélanger vigoureusement avec une cuillère en bois. Si la purée est trop épaisse, ajouter un peu de lait, goûter pour vérifier s'il y a assez de sel et servir immédiatement.

INFO SANTÉ

Une purée pleine de vitamines B et de fibres, excellente pour la santé.

ASTUCE MARCHÉ

Vous trouverez les pois cassés au rayon riz.

MENU

RAPIDE	FAIT MAISON
Salade de betteraves	Choux blanc en salade
Saucisses (au choix), purée de pois cassés	Travers de porc grillés, purée de pois cassé
Fromage	Fromage
Poire	Sorbet aux fraises, p. 137

PURÉE ORANGE ONCTUEUSE

Pour 4 personnes
Préparation : 10 min
Cuisson : 35 min

1 kg de carottes
12 cl de lait
1 cuil. à soupe de beurre ou d'huile d'olive
6 portions de fromage fondu (ou 75 g de fromage râpé)
2 pincées de noix muscade râpée (facultatif)
Sel, poivre du moulin

1. Éplucher les carottes et les couper en rondelles. Les faire cuire dans de l'eau salée pendant 30 min environ ou à la Cocotte-Minute (8 min à partir de la rotation de la soupape). Les carottes sont cuites quand on peut enfoncer facilement un couteau dans la chair.

2. Égoutter les carottes et les transformer en purée au mixeur ou au presse-purée.

3. Verser la purée dans une casserole, ajouter le lait, le beurre ou l'huile d'olive, les crèmes de gruyère, du poivre et la noix muscade. Mélanger vigoureusement avec une cuillère en bois, et rallumer le feu pour réchauffer la purée en continuant de tourner.

4. Si la purée est trop épaisse, ajouter un peu de lait, goûter pour vérifier s'il y a assez de sel et la servir bien chaude.

ASTUCE

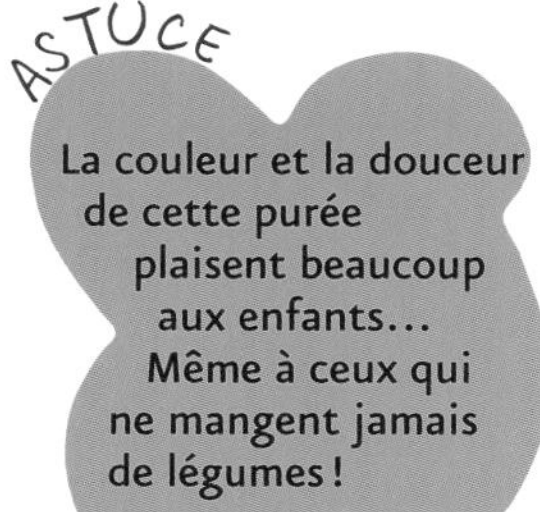

La couleur et la douceur de cette purée plaisent beaucoup aux enfants… Même à ceux qui ne mangent jamais de légumes !

MENU

RAPIDE	FAIT MAISON
Salade verte	Salade verte
Nuggets de poulet, purée orange onctueuse	Steak haché, purée orange onctueuse
Fromage blanc aux clémentines	Glace à la vanille, p. 123

PURÉE VERTE

Pour 4 personnes
Préparation : 10 min
Cuisson : 25 min

- 1 kg de brocolis
- 2 grosses pommes de terre à purée
- 12 cl de lait
- 3 cuil. à soupe de beurre ou d'huile d'olive
- 2 pincées de noix de muscade râpée (facultatif)
- Sel, poivre du moulin

1. Éplucher les pommes de terre et les couper en rondelles.
2. Laver les brocolis, couper les bouquets en morceaux et jeter la queue centrale dure.
3. Faire cuire les pommes de terre et les brocolis dans de l'eau salée pendant 20 min environ ou à la Cocotte-Minute (8 min). Les légumes sont cuits quand on peut enfoncer facilement un couteau dans la chair.
4. Égoutter les légumes et les transformer en purée au mixeur ou au presse-purée.
5. Mettre la purée dans une casserole, ajouter le lait, le beurre ou l'huile d'olive, du poivre et la noix muscade. Mélanger vigoureusement avec une cuillère en bois, et rallumer le feu pour réchauffer la purée en continuant de tourner.
6. Si la purée est trop épaisse, ajouter un peu de lait, goûter pour vérifier s'il y a assez de sel et la servir bien chaude.

ASTUCE

Une manière douce d'initier les petits aux brocolis.

MENU

RAPIDE	FAIT MAISON
Concombre en salade	Jambon chaud aux champignons, p. 70
Charcuterie et pain, purée verte	Purée verte
Fromage blanc	Fromage et pain
	Coupe de fraises au sucre

LES DESSERTS

BISCUITS À LA FRAMBOISE

Pour 4 personnes
Préparation : 15 min
Repos au frais : 1 h
Cuisson : 10 min

100 g de beurre mou + 20 g (plaque)
1 œuf
100 g de sucre glace
100 g de farine
200 g de confiture de framboises de bonne qualité

1. Mélanger la farine, le sucre, le beurre et le jaune d'œuf. Placer la pâte 1 h au frais.
2. Préchauffer le four à 210 °C (th. 7).
3. Bien fariner une planche ou un plan de travail et étaler la pâte dessus avec un rouleau à pâtisserie. La pâte doit être assez fine.
4. Prendre une tasse à café à l'envers et l'utiliser comme emporte-pièce pour former des ronds dans la pâte en appuyant très fort. Les déposer sur la plaque du four beurrée (ou recouverte de papier cuisson).
5. Les badigeonner de blanc d'œuf avec un pinceau pour qu'ils brillent et faire cuire 10 min au four.
6. Démouler les biscuits tièdes avec une lame de couteau.
7. Quand ils sont froids, les coller deux par deux avec la confiture de framboises (attention : côté brillant vers l'extérieur !).

MENU

RAPIDE

Soupe à la tomate
Œufs au plat, petits pois, carottes
Fromage blanc, biscuits à la framboise

FAIT MAISON

Concombre en salade
Rôti de bœuf haché, p. 81
Jardinière de légumes, p. 95
Yaourt avec morceaux de fraises, biscuits à la framboise

BROCHETTE DE FRUITS,
GLACE ET COULIS DE FRAMBOISE

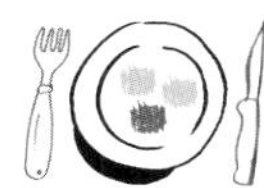

Pour 4 personnes
Préparation : 10 min
Pas de cuisson

Selon la saison, choisir 3 ou 4 fruits différents :
- 2 bananes
- 2 clémentines
- 8 fraises
- 2 pêches
- 250 à 300 g d'ananas en boîte
- 2 poires
- 1 mangue
- 1/2 citron (jus)

1 pot de glace à la vanille
1 coulis de framboise maison (p. 150)

1. Presser le demi-citron.
2. Éplucher les fruits et les couper en gros morceaux, les placer dans une assiette et les arroser de jus de citron afin qu'ils gardent leur belle couleur.
3. Préparer les brochettes en piquant alternativement les morceaux de fruits : il vaut mieux mettre des couleurs qui tranchent bien (par exemple : fraise-banane-clémentine-poire-fraise-banane…).
4. Préparer 4 assiettes, déposer sur chacune 1 boule de glace, 1 brochette et un peu de Coulis de framboise (p. 150) à côté et sur la glace. Servir aussitôt.

ASTUCES MARCHÉ

- Achetez vos fruits selon la saison.
- Vous pouvez acheter du coulis de framboise tout prêt en conserve ou surgelé.

MENU

RAPIDE	FAIT MAISON
Salade verte, lasagnes	Salade de surimi au kiwi, p. 48
Fromage	Pizza au fromage, p. 75
Brochette de fruits, glace et coulis de framboise	Brochette de fruits, glace et coulis de framboise

CHARLOTTE À L'ANANAS

Pour 4 personnes

Préparation : 25 min

Repos au frais : quelques heures

Pas de cuisson

1 paquet de biscuits à la cuillère (30 biscuits environ)
500 g de fromage blanc à 20 ou 40 % de matière grasse
100 g de sucre en poudre
3 feuilles de gélatine (6 g au total)
1 grande boîte d'ananas en morceaux

1. Ouvrir la boîte d'ananas et verser le jus dans une assiette creuse.
2. Dans une autre assiette creuse, récupérer 4 cuil. à soupe de jus et y déposer les feuilles de gélatine. Les laisser ramollir.
3. Tremper rapidement 1 biscuit à la cuillère dans le jus d'ananas et le mettre au fond d'un saladier (ou un moule à charlotte). Recommencer l'opération avec d'autres biscuits afin que le fond et les bords du saladier soient recouverts entièrement.
4. Dans un autre saladier, mélanger le fromage blanc et le sucre.
5. Faire fondre les feuilles de gélatine avec le jus d'ananas dans une casserole à feu doux. Dès qu'elles sont fondues, ajouter le mélange fromage blanc et sucre.
6. Dans le saladier, par-dessus la première couche de biscuits, placer une couche de morceaux d'ananas, une couche de fromage blanc, puis une couche de biscuits imbibés et recommencer.
7. Terminer par une couche de biscuits imbibés et placer le moule au frais quelques heures.
8. Juste avant de servir, démouler le saladier sur une grande assiette et offrir aux invités. Pour démouler il faut mettre une assiette sur le saladier (ou le moule à charlotte) et retourner très vite.

MENU

RAPIDE	FAIT MAISON
Taboulé	Salade de tomates
Charcuterie, salade verte	Saumon sauce citron, p. 83
Charlotte à l'ananas	Riz blanc
	Charlotte à l'ananas

CHARLOTTE AUX FRAISES
OU AUX FRAMBOISES

Pour 4 personnes

Préparation : 25 min

Repos au frais : quelques heures

Pas de cuisson

1 paquet de biscuits à la cuillère (30 biscuits environ)
500 g de fromage blanc à 20 ou 40 % de matière grasse
200 g de sucre en poudre
500 g de fraises ou de framboises (fraîches ou surgelées)

1. Préparer le sirop : dans une assiette creuse, mettre 100 g de sucre et 20 cl d'eau, tourner avec une cuillère afin que le sucre fonde bien.
2. Tremper 1 biscuit à la cuillère dans l'eau sucrée et le placer au fond d'un saladier (ou un moule à charlotte). Recommencer l'opération avec d'autres biscuits afin que le fond et les bords du saladier soient entièrement recouverts.
3. Mélanger le fromage blanc et le sucre restant.
4. Dans le saladier, par-dessus la première couche de biscuits, placer une couche de fraises coupées en morceaux (ou de framboises), une couche de fromage blanc, puis une couche de biscuits imbibés et recommencer.
5. Terminer par une couche de biscuits imbibés et placer le moule au frais quelques heures.
6. Juste avant de servir, démouler le saladier sur une grande assiette et offrir aux invités. Pour démouler il faut mettre l'assiette sur le saladier (ou le moule à charlotte) et retourner très vite.

ASTUCE

Pour être sûr que la charlotte ne s'effondre pas au démoulage, on peut ajouter un peu de gélatine au fromage blanc (voir Charlotte à l'ananas, p. 106).

MENU

RAPIDE	FAIT MAISON
Salade de maïs et de tomates Côte de porc, haricots verts Charlotte aux fraises	Carottes râpées Steak haché, frites légères au four, p. 93 Charlotte aux framboises

CONGOLAIS

Pour 4 personnes

Préparation : 20 min

Cuisson : 30 min

4 blancs d'œufs
20 g de beurre (plaque)
200 g de sucre glace
100 g de noix de coco râpée
1 pincée de sel

1. Préchauffer le four à 150 °C (th. 5).
2. Préparer un bain-marie : faire chauffer de l'eau dans une grande casserole ; baisser le feu quand elle bout.
3. Placer une casserole plus petite dans la casserole d'eau chaude. Y mettre les blancs d'œufs et le sel et commencer à faire monter en neige avec un fouet électrique.
4. Quand les blancs commencent à bien mousser, ajouter peu à peu le sucre glace et continuer à battre.
5. Quand la meringue est bien ferme, enlever la casserole de l'eau, ajouter la poudre de noix de coco, mélanger délicatement et former des petits tas sur la plaque du four beurrée.
6. Mettre la plaque en haut du four et laisser cuire 30 min.
7. Détacher les congolais quand ils sont encore chauds.
8. Servir froid.

ASTUCE

Ces congolais se congèlent très bien une fois cuits et peuvent donc être préparés à l'avance.

MENU

RAPIDE	FAIT MAISON
Melon Omelette aux pommes de terre, salade verte Yaourt, congolais	Salade 3 couleurs, p. 50 Toasts au fromage et à la tomate, p. 87 Congolais

COOKIES AUX NOIX

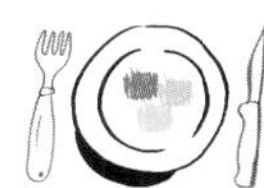

Pour 4 personnes
Préparation : 15 min
Cuisson : 10 min

75 g de farine + 2 cuil. à soupe
1 cuil. à café rase de levure chimique
1 sachet de sucre vanillé
125 g de cassonade (ou, à défaut, de sucre blanc)
60 g de beurre + 20 g (plaque)
1 œuf
60 g de chocolat à 50 ou 60 % de cacao coupé en petits morceaux (ou des pépites de chocolat)
1/2 pot de yaourt de noix en morceaux
2 pincées de sel

1. Faire fondre le beurre tout doucement dans une casserole ou au four à micro-ondes dans un bol.
2. Préchauffer le four à 210-240 °C (th. 7-8).
3. Mélanger la farine, la cassonade (ou le sucre), les noix, le chocolat, le sel, la levure, le sucre vanillé. Ajouter le beurre fondu et l'œuf. Bien mélanger la pâte.
4. Sur une plaque beurrée allant au four, former des petits tas avec 2 cuillères à café, espacés les uns des autres.
5. Faire cuire pendant 10 min. Détacher les cookies de la plaque quand ils sont tièdes.
6. À déguster tièdes ou froids.

Variante

Cookies aux noisettes. Remplacez les noix par autant de noisettes décortiquées.

INFO SANTÉ

Les cookies aux noix, ce n'est pas très diététique, mais c'est tellement meilleur fait maison !

ASTUCE

On peut utiliser du papier cuisson et le mettre sur la plaque allant au four : c'est très pratique et on démoule facilement.

MENU

RAPIDE	FAIT MAISON
Salade d'endives aux pommes et au gruyère	Filet de sole en papillote, p. 64
Jambon fumé	Poêlée de courgettes à la tomate, p. 97
Petits-suisses	Fromage et pain,
Cookies aux noix	Cookies aux noix

CRÈME RENVERSÉE AU CARAMEL

Pour 4 personnes
Préparation : 20 min
Cuisson : 40 min

6 œufs
1 litre de lait
120 g de sucre en poudre
1 sachet de sucre vanillé
20 morceaux de sucre
3 gouttes de jus de citron ou de vinaigre

1. Préchauffer le four à 180 °C (th. 6).
2. Tremper rapidement chaque morceau de sucre dans un verre d'eau et les placer dans un moule à gâteau en métal à bords hauts. Ajouter les gouttes de citron (ou de vinaigre) et mettre le moule sur feu vif (ne pas mélanger avec un instrument mais remuer le plat si besoin).
3. Quand le caramel devient doré, retirer le moule à gâteau du feu.
4. Dans un saladier, mélanger les œufs avec le sucre en poudre et le sucre vanillé, ajouter ensuite le lait et bien mélanger.
6. Verser le mélange dans le moule à gâteau.
7. Préparer un bain-marie : mettre le moule à gâteau dans un plat plus grand contenant de l'eau (l'eau est aux deux tiers du moule à gâteau). Enfourner pour 40 min de cuisson.
8. Attendre que le plat ait refroidit pour démouler et renverser dans un plat creux.
9. Servir froid.

ASTUCES

- **Si le moule ne va pas sur le feu, placer les morceaux de sucre trempés dans une casserole avec le citron et préparer le caramel de la même façon. Quand il est prêt, le verser dans le moule à gâteau.**
- **Vous pouvez utiliser du caramel liquide en bouteille.**

MENU

RAPIDE	FAIT MAISON
Salade	Soupe verte, p. 56
Steak haché, pommes de terre vapeur	Cake au thon et aux olives, p. 60
Crème renversée au caramel	Salade verte
	Crème renversée au caramel

CRÊPES

Pour 4 personnes

Préparation : 10 min

Repos au frais : 1 h

Cuisson : 4 min par crêpe

250 g de farine fluide
6 cuil. à soupe d'huile
3 œufs
50 cl de lait
20 g de beurre ou d'huile (poêle)
1 pincée de sel

1. Mettre la farine dans un saladier, ajouter peu à peu le lait et tourner en permanence pour éviter les grumeaux. Ajouter ensuite le sel, l'huile et les œufs. Bien mélanger.
2. Laisser reposer la pâte pendant 1 h ou plus au frais.
3. Si la pâte a trop épaissi, ajouter un peu de lait ou d'eau. Faire fondre un peu de beurre ou d'huile dans une poêle. Quand elle est bien chaude, verser une petite louche de pâte et effectuer des mouvements de va-et-vient avec la poêle pour que la pâte se répande sur toute la surface et forme une crêpe bien ronde.
4. Après 2 min environ, retourner la crêpe (on peut également la faire sauter).
5. Quand les 2 côtés sont cuits, déposer la crêpe entre 2 assiettes pour la maintenir au chaud et recommencer en mettant un tout petit peu de matière grasse à chaque fois.

ASTUCES CUISSON

- **Attention, si les crêpes brûlent, c'est qu'il faut baisser le feu.**
- **Lorsqu'il s'agit de crêpes garnies, déposer la garniture lorsque la première face est cuite. Ainsi, la deuxième face cuit en même temps que la garniture.**

IDÉE GOURMANDE

Vous pouvez servir les crêpes sucrées, mais aussi salées, avec l'accompagnement de votre choix, tomate-chèvre, banane-chocolat, etc.).

MENU

RAPIDE	FAIT MAISON
Salade verte et aux tomates au chèvre chaud Crêpes sucrées	Soupe au poulet, p. 51 Crêpe-partie (salées et sucrées)

CRUMBLE À LA BANANE
ET AU CHOCOLAT

Pour 4 personnes
Préparation : 10 min
Cuisson : 35 min

4 bananes
100 g de chocolat noir (50 à 60 % de cacao) ou au lait
100 g de sucre en poudre
100 g de farine
80 g de beurre + 20 g (moule)

1. Préchauffer le four à 180 °C (th. 6).
2. Éplucher les bananes, les couper en rondelles et les déposer dans un plat beurré allant au four.
3. Couper le chocolat en petits morceaux et le mélanger aux bananes.
4. Laisser ramollir le beurre dans le four allumé (dans une assiette creuse), ou bien 30 s dans le four à micro-ondes. Attention, le beurre doit être mou mais pas complètement fondu. Mélanger le beurre et le sucre, puis la farine. La pâte est granuleuse et on peut la travailler avec les doigts. Saupoudrer la pâte sur les bananes et le chocolat.
5. Placer le plat au four et faire cuire 35 min.
6. Déguster tiède ou froid.

INFO

Le « crumble » est d'origine anglaise, il signifie « pâte à miettes ». C'est donc normal si la pâte s'émiette, il suffit de saupoudrer les miettes sur les fruits.

MENU

RAPIDE	FAIT MAISON
Soupe à la tomate	Soupe rouge, p. 55
Omelette au fromage, salade	Œufs cocotte, p. 72
	Salade avec cubes de mimolette
Crumble à la banane et au chocolat	Crumble à la banane et au chocolat

CRUMBLE AUX POMMES
ET AUX NOIX

Pour 4 personnes
Préparation : 15 min
Cuisson : 40 min

1 kg de pommes
100 g de beurre mou + 20 g (moule)
150 g de sucre en poudre
150 g de farine
50 g de cerneaux de noix

1. Préchauffer le four à 200 °C (th. 6-7).
2. Couper les pommes en quatre, les éplucher et enlever les pépins.
3. Couper les quartiers en petits morceaux et les déposer dans un plat à gratin beurré.
4. Mélanger le beurre mou (s'il est trop dur, le ramollir au four à micro-ondes ou au bain-marie… mais attention, il ne doit pas être fondu) avec le sucre, la farine et les noix en morceaux. Mélanger avec les doigts. La pâte devient granuleuse.
5. Saupoudrer la pâte sur les pommes.
6. Faire cuire 40 min au four.
7. Déguster tiède ou froid.

Variantes

Crumble aux pommes et aux abricots. Même recette mais avec 500 g d'abricots dénoyautés et 500 g de pommes, sans les noix.
Crumble aux pommes et aux fruits rouges. Même recette mais avec 500 g de pommes et 500 g de mélange de fruits rouges surgelés, sans les noix.

MENU

RAPIDE	FAIT MAISON
Poulet rôti, petits pois-carottes	Concombre en salade
Fromage	Rôti de bœuf haché, p. 81
Crumble aux pommes et aux fruits rouges	Haricots verts
	Fromage
	Crumble aux pommes aux et noix

DAME BLANCHE AUX POIRES

Pour 4 personnes
Préparation : 10 min
Pas de cuisson

50 cl de glace à la vanille
100 g de chocolat noir à 60 % de cacao
12,5 cl de lait
4 demi-poires au sirop
Crème chantilly (facultatif)

1. Couper le chocolat en carrés et le recouvrir avec le lait. Faire fondre au bain-marie ou 1 min au four à micro-ondes.
2. Bien mélanger avec un fouet pour former une belle sauce bien lisse.
3. Déposer au fond de chaque coupe 1 demi-poire au sirop avec un peu de jus et 1 ou 2 boules de glace à la vanille.
4. Recouvrir de sauce au chocolat et servir le dessert immédiatement.
5. On peut aussi décorer avec un peu de crème chantilly.

ASTUCES MARCHÉ

• Vous pouvez acheter de la crème chantilly en bombe si vous n'avez pas le temps de la préparer vous-même.
• En saison, vous pouvez aussi utiliser des poires fraîches.

ASTUCE ORGANISATION

Ce dessert se prépare au dernier moment. S'il y a des invités, vous pouvez préparer la sauce au chocolat à l'avance et déposer les poires dans les coupes. Vous n'aurez plus qu'à faire réchauffer la sauce au chocolat quelques instants, ajouter la glace et arroser le tout de sauce au chocolat.
Vous pouvez aussi givrer les bords des coupes (voir indications p. 142).

MENU

RAPIDE	FAIT MAISON
Melon	Salade de champignons
Brochettes, purée de pommes de terre	Poulet rôti à la compote de pommes, p. 79
Dame blanche aux poires	Pommes de terre au four, p. 98
	Dame blanche aux poires

FAR BRETON

Pour 4 personnes
Préparation : 15 min
Cuisson : 40 min

150 g de farine
150 g de sucre en poudre
75 g de beurre + 20 g (plat)
4 œufs
50 cl de lait
400 g de pruneaux dénoyautés
Sel fin

1. Préchauffer le four à 180 °C (th. 6).
2. Chauffer le lait dans une casserole. Quand il bout, arrêter le feu et ajouter le beurre en petits morceaux.
3. Dans un saladier, mélanger le sucre, la farine, puis les œufs et 1 pincée de sel. Ajouter progressivement le lait et le beurre fondu. Bien mélanger.
4. Beurrer un plat allant au four et y placer les pruneaux. Verser le mélange par-dessus. Enfourner pour 40 min.
5. Servir tiède ou froid.

INFO SANTÉ

Ce dessert breton, très simple à réaliser, est riche en calcium et en fibres (grâce au lait et aux pruneaux).

IDÉE GOURMANDE

Vous pouvez remplacer les pruneaux par des abricots secs, des raisins secs, des pommes coupées en cubes ou des poires.

MENU

RAPIDE	FAIT MAISON
Melon	Concombre en salade
Poisson pané, poêlée de légumes et riz	Surprise au chèvre et aux épinards, p. 85
Far breton	Far breton

FLAN À LA NOIX DE COCO

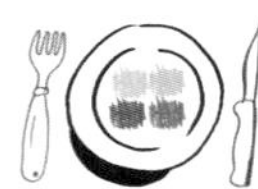

Pour 4 personnes

Préparation : 10 min

Cuisson : 45 min

150 g de noix de coco râpée
1 boîte de lait concentré sucré (400 g)
40 cl de lait (utiliser comme mesure la boîte de lait concentré vide)
4 œufs
5 cuil. à soupe de caramel liquide

1. Préchauffer le four à 150 °C (th. 5).
2. Ouvrir la boîte de lait concentré et verser le contenu dans un saladier. Utiliser la boîte vide, la remplir de lait et verser celui-ci dans le saladier. Ajouter la noix de coco râpée et les œufs, mélanger.
3. Verser le caramel liquide dans un moule. Verser le mélange à la noix de coco par-dessus.
4. Faire cuire 45 min puis laisser refroidir à la sortie du four.
5. Déguster froid.

Variante

Vous pouvez ajouter 3 pommes coupées en morceaux ou 2 poires : elles allègent le dessert et lui donnent un goût acidulé.

ASTUCE MARCHÉ

Vous trouverez le caramel liquide au rayon des levures, vanille, etc.

MENU

RAPIDE

Salade
Soupe aux légumes, toasts à la Vache-qui-rit*
Flan à la noix de coco

*étaler 2 Vache-qui-rit sur chaque biscotte et passer quelques minutes sous le gril

FAIT MAISON

Salade
Tomates farcies au thon, p. 58
Fromage et pain
Flan à la noix de coco

FROMAGE BLANC À LA NOIX DE COCO

Pour 4 personnes

Préparation : 5 min

Repos au frais : au moins 30 min

Pas de cuisson

600 g de fromage blanc à 20 % de matière grasse
6 cuil. à soupe rases de noix de coco râpée
4 cuil. à soupe rases de sucre en poudre
1 sachet de sucre vanillé

1. Mettre le fromage blanc dans un saladier ou dans un plat, ajouter le sucre, la noix de coco et le sucre vanillé, bien mélanger et répartir le mélange dans des coupes individuelles.
2. Placer le tout au frais jusqu'au moment de servir.

IDÉE DÉCO

Décorez avec une feuille de menthe et une framboise, ce sera très élégant.

MENU

RAPIDE	FAIT MAISON
Salade de betteraves Spaghettis à la bolognaise Fromage blanc à la noix de coco	Salade Porc au lait, p. 77, riz blanc Fromage blanc à la noix de coco

FROMAGE BLANC AUX FRUITS

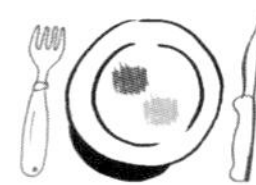

Pour 4 personnes
Préparation : 10 min
Repos au frais : au moins 30 min
Pas de cuisson

600 g de fromage blanc à 20 % de matière grasse
4 cuil. à soupe rases de sucre en poudre
3 fruits au choix selon la saison :
- pomme
- poire
- pêche
- clémentine
- prune
- fraise (250 g)
- framboise (250 g)
- banane

1. Choisir les fruits que l'on veut mettre, les laver ou les éplucher et les couper en petits morceaux dans un grand saladier, ajouter le fromage blanc et le sucre, bien mélanger.
2. Placer le dessert dans des coupes individuelles ou le laisser dans le saladier. Mettre au frais jusqu'au moment de servir. On peut décorer avec 1 feuille de menthe et 1 framboise ou 1 fraise, ce sera très joli.

ASTUCE

On peut mettre 3 fruits différents ou bien 1 seul fruit.

MENU

RAPIDE	FAIT MAISON
Asperges en conserve à la vinaigrette	Betteraves en vinaigrette
Spaghettis *alla carbonara*	Veau aux carottes, p. 89
Fromage blanc aux fruits	pommes de terre au four, p. 98
	Fromage blanc aux fruits

GÂTEAU AU CHOCOLAT

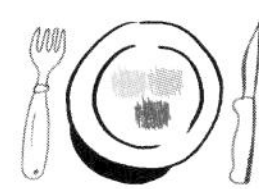

Pour 4 personnes
Préparation : 10 min
Cuisson : 25 min

200 g de chocolat noir à 60 % de cacao
120 g de beurre en morceaux + 20 g (moule)
4 œufs
150 g de sucre en poudre
6 cuil. à soupe rases de farine

1. Préchauffer le four à 160 °C (th. 5-6).
2. Dans un bol, faire fondre le chocolat, le beurre et 3 cuil. à soupe d'eau au four à micro-ondes ou au bain-marie.
3. Mélanger les œufs au mixeur avec le sucre, pendant 2 à 3 min, ajouter la farine puis le mélange beurre-chocolat.
4. Placer la pâte dans un moule à gâteau à bords hauts beurré et faire cuire 25 min.
5. Servir le gâteau froid démoulé ou directement dans le moule.
6. Pour préparer des petits gâteaux dans des moules individuels, les faire cuire 15 min.

ASTUCE

- Vous pouvez monter les blancs en neige, cela rend le gâteau moins dense.
- Vous pouvez faire un seul gâteau ou bien des petits gâteaux dans des moules en papier ou des moules en silicone alimentaire (Flexipan).

MENU

RAPIDE	FAIT MAISON
Salade	Panier de légumes à croquer, p. 45, jambon
Steak haché, purée de carottes	Yaourt
Fromage	Gâteau au chocolat
Gâteau au chocolat	

GÂTEAU AU YAOURT

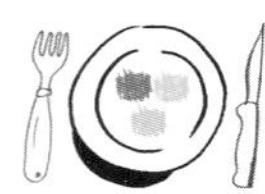

Pour 4 personnes

Préparation : 10 min

Cuisson : 35 min

1 yaourt nature
3 pots de yaourt de farine
2 pots de yaourt 1/2 de sucre en poudre
3 œufs
1/2 sachet de levure chimique
20 g de beurre (moule)
1/2 pot de yaourt d'huile

1. Préchauffer le four à 180 °C (th. 6).
2. Vider le yaourt dans un bol puis nettoyer le pot.
3. Dans un saladier, mélanger d'abord le sucre et la farine, puis les œufs, le yaourt, l'huile et la levure. On peut mixer le mélange pour que la pâte soit bien lisse.
4. Verser la pâte dans un moule à gâteau beurré et faire cuire au four 35 min.
5. Servir froid ou tiède, démoulé ou directement dans le moule.

Variantes

Gâteau au yaourt aux pommes. Ajoutez à la pâte 500 g de pommes en morceaux avant de faire cuire.

Gâteau au yaourt aux abricots. Ajoutez 500 g d'abricots frais (sans les noyaux) ou en boîte (sans le jus) à la pâte avant de faire cuire.

Gâteau au yaourt à l'ananas. Ajoutez 1 boîte d'ananas sans le jus, arrosez avec un peu de jus à la sortie du four.

MENU

RAPIDE	FAIT MAISON
Poisson pané,	Poisson pané maison, p. 76,
Épinards à la crème	poêlée de courgettes à la tomate, p. 97
Chèvre frais	Fromage
Gâteau au yaourt	Gâteau au yaourt aux pommes

GAUFRES

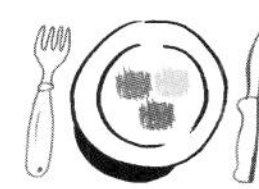

Pour 4 personnes
Repos de la pâte : 1 h
Cuisson : 3 min

250 g de farine
50 g de sucre en poudre
75 g de beurre
3 œufs
40 cl de lait
1 sachet de levure chimique
Sel fin

1. Faire fondre le beurre dans une petite casserole ou dans un bol, au four à micro-ondes.
2. Dans une terrine, verser la farine, le sucre, la levure et 2 pincées de sel, puis ajouter les œufs et le beurre fondu. Bien mélanger l'ensemble et ajouter peu à peu le lait.
3. Laisser reposer la pâte 1 h au moins.
4. Chauffer le gaufrier ; quand il est chaud, verser une petite louche de pâte et laisser cuire environ 3 min.
5. Quand les gaufres sont cuites, les détacher et les servir chaudes ou tièdes.

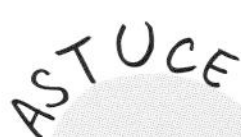

ASTUCE

La pâte est facile à préparer et sans grumeaux si vous mélangez les ingrédients dans l'ordre indiqué.

IDÉE GOURMANDE

Saupoudrez de sucre glace, de crème chantilly légère ou de chocolat fondu.

MENU

RAPIDE	FAIT MAISON	GOÛTER DE FÊTE
Soupe minestrone Œufs à la coque et mouillettes à la mimolette Gaufres	Salade 3 couleurs, p. 50 Rôti de bœuf haché, p. 81 Gaufres	Cocktail de fruits rouges Gaufres à la crème chantilly ou au sucre

GLACE À LA VANILLE AU YAOURT

Pour 4 personnes
Préparation : 5 min
Congélation : 2 à 4 h

3 yaourts nature
25 cl de crème fleurette
125 g de sucre en poudre
2 sachets de sucre vanillé

1. Placer le sucre en poudre et le sucre vanillé dans une casserole, ajouter la crème, chauffer doucement en mélangeant afin que le sucre fonde. Quand le sucre est fondu, arrêter le feu et laisser refroidir.
2. Ajouter alors les yaourts et bien mélanger.
3. *Avec une sorbetière* : faire prendre le mélange dans la sorbetière puis placer la glace au congélateur en attendant de la servir.
Sans sorbetière : verser le mélange dans un saladier pendant 2 h au congélateur, sortir le saladier et mixer la glace qui commence à être un peu consistante afin d'éviter les paillettes. Remettre le saladier au congélateur pendant 2 h et mixer à nouveau.
4. Quand la glace est prise, la servir.

ASTUCES

• La glace à base de yaourt réjouit les gourmands. Elle n'apporte pas plus de calories qu'un yaourt aux fruits.
• Cette glace est légère, elle termine très bien un repas copieux. On peut la servir avec des fraises par exemple ou arrosée de jus d'orange.

MENU

RAPIDE	FAIT MAISON
Carottes râpées Croque-monsieur Glace à la vanille au yaourt	Quiche lorraine, p. 80, salade Glace à la vanille au yaourt arrosée de jus d'orange

GLACE À LA VANILLE

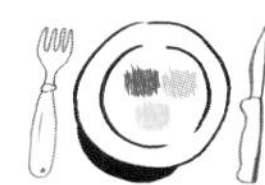

Pour 4 personnes
Préparation : 5 min
Congélation : 5 h
Pas de cuisson

125 g de sucre en poudre
2 sachets de sucre vanillé
2 œufs entiers + 2 jaunes d'œufs
50 cl de crème fraîche allégée
5 cuil. à soupe de lait

1. Placer les 2 jaunes d'œufs dans un grand saladier, ajouter les 2 œufs entiers, le sucre en poudre et le sucre vanillé.
2. Mélanger au mixeur pendant 5 min, la préparation devient mousseuse et blanche.
3. Ajouter la crème fraîche et le lait. Bien mélanger.
4. *Avec une sorbetière* : y verser la préparation et laisser prendre. *Sans sorbetière* : verser la préparation dans un moule et la mettre au congélateur. Il est préférable de mélanger la préparation avec une fourchette après 2 h de congélation pour éviter que des paillettes ne se forment.
5. Compter 5 h de congélation pour un grand moule, 3 h pour des petits moules.
6. Servir avec un coulis de framboise ou une salade de fruits.

ASTUCE

La glace maison est préparée sans conservateur et sans émulsifiant. Elle est beaucoup plus goûteuse et riche en calcium.

MENU

RAPIDE	FAIT MAISON
Melon	Radis
Poulet rôti, pommes de terre	Porc aux abricots secs, p. 78
Salade	et semoule complète
Glace à la vanille	Glace à la vanille et fraises

GLACE AU YAOURT À L'ABRICOT

Pour 4 personnes
Préparation : 15 min
Congélation : 2 h
Pas de cuisson

3 yaourts nature au lait entier
1 petite boîte d'abricots au sirop
4 framboises pour décorer (facultatif)

1. Vider les yaourts dans un saladier, ajouter la boîte d'abricots au sirop et le jus. Mixer le tout et verser la préparation dans la sorbetière.

2. *Sans sorbetière :* verser le mélange dans un saladier et le mettre au congélateur. Le sortir au bout de 1 h et le mixer quelques minutes. Replacer au frais 1 h et recommencer l'opération.

3. Quand la glace est prise, former des boules et les présenter dans des coupes décorées avec les framboises.

ASTUCES

- Le plaisir d'une glace sans les calories ! Ce dessert apporte autant de bonnes choses qu'un yaourt.
- Voici une glace à préparer hiver comme été.

IDÉE DÉCO

Glisser une feuille de menthe à côté de la framboise.

MENU

RAPIDE	FAIT MAISON
Salade verte	Salade verte
Pizza au fromage	Escalopes de poulet roulées au fromage, p. 63
Glace au yaourt à l'abricot	Purée blanche, p. 99
	Glace au yaourt à l'abricot

GLACE AU YAOURT À LA FRAMBOISE

Pour 4 personnes
Préparation : 10 min
Congélation : 2 h
Pas de cuisson

3 yaourts nature au lait entier
150 g de framboises (fraîches ou surgelées)
75 g de sucre en poudre

1. Vider les yaourts dans un saladier, ajouter le sucre et les framboises (en garder 4 pour la décoration).
2. Mixer le tout et verser la préparation dans la sorbetière.
3. *Sans sorbetière :* mettre le saladier au congélateur et le sortir au bout de 1 h pour le mixer quelques minutes, replacer au frais 1 h et recommencer l'opération.
4. Quand la glace est prise, préparer des boules et décorer avec les framboises.

ASTUCE

• Voici une glace très parfumée et diététique, qui n'apporte pas plus de calories et de gras qu'un yaourt.
• Glisser une feuille de menthe à côté de la framboise.

MENU

RAPIDE

Salade de concombre
Raviolis au jambon
Glace au yaourt à la framboise

FAIT MAISON

Salade au melon, magret de canard et figues, p. 47
Brioche surprise, glace au yaourt à la framboise

MADELEINES

Pour 4 personnes
Préparation : 15 min
Repos au frais : 1 h
Cuisson : 10 min

150 g de sucre en poudre
190 g de farine
1/2 sachet de levure chimique
90 g de beurre + 20 g (moules)
3 œufs
1 cuil. à café de miel (facultatif)

1. Préchauffer le four à 210 °C (th. 7).
2. Faire fondre doucement le beurre au bain-marie ou 40 s au four à micro-ondes. Incorporer le miel au beurre.
3. Dans une terrine, mélanger la farine et le sucre, ajouter les œufs, le beurre fondu et la levure. Bien mélanger.
4. Laisser reposer la pâte au réfrigérateur 1 h.
5. Beurrer les moules à madeleines et placer un peu de pâte dans chaque moule.
6. Faire cuire au four 10 min environ.
7. Démouler les madeleines quand elles sont tièdes.

IDÉE GOURMANDE

Placez un petit carré de chocolat dans chaque madeleine avant la cuisson et offrez-les tièdes.

MENU

RAPIDE	FAIT MAISON	GOÛTER
Soupe de légumes Fromage et pain Madeleines et coupe de fraises	Quiche au fromage, p. 80 Salade verte Madeleines et salade de fruits	Milk-shake à la fraise, madeleines

MERINGUE GLACÉE AU CARAMEL

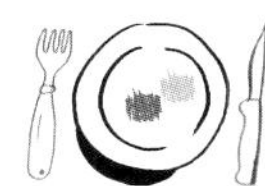

Pour 4 personnes
Préparation : 20 min
Repos au frais : 24 h
Pas de cuisson

4 œufs
20 cl de crème fraîche
120 g de sucre en poudre
4 grosses meringues achetées chez le boulanger
6 cuil. à soupe de caramel liquide (acheté au rayon levure, sucre)
3 cuil. à café rases de café soluble (type Nescafé)
Sel fin

La veille

1. Commencer par séparer les blancs des jaunes d'œufs.

2. Dans une terrine, mixer les jaunes d'œufs et le sucre. Le mélange devient blanc et mousseux.

3. Mettre le café soluble dans une tasse. Verser par-dessus 3 cuil. à café d'eau chaude et mélanger pour obtenir de l'extrait de café. L'ajouter au mélange sucre et jaunes d'œufs, puis ajouter la crème fraîche.

4. Dans une autre terrine, battre les blancs en neige avec 1 pincée de sel, au mixeur.

5. Mélanger délicatement les blancs à la préparation au café.

6. Introduire les meringues coupées en petits morceaux.

7. Dans un moule à cake (ou un saladier) verser le caramel liquide. Verser ensuite le mélange meringué et placer le plat au congélateur pour 24 h.

Le jour-même

8. Au moment de servir, retourner le plat sur une assiette plus grande que le moule ou sur un plateau propre. Attendre 2 min que la glace se démoule toute seule et l'apporter à table.

ASTUCE

Voilà un dessert très simple pour un jour de fête, qui sera délicieux à condition d'acheter les bons ingrédients.

MENU

RAPIDE	FAIT MAISON
Cuisse de dinde rôtie, gratin de chou-fleur Meringue glacée au caramel	Jambon chaud aux champignons, p. 70 Jardinière de légumes, p. 95 Meringue glacée au caramel

MOUSSE AU CHOCOLAT

Pour 4 personnes
Préparation : 20 min
Repos au frais : 3 h

6 œufs
200 g de chocolat noir à 60 % de cacao
Sel fin

1. Séparer les blancs des jaunes d'œufs.
2. Couper le chocolat en morceaux et faire fondre avec 2 cuil. à soupe d'eau au bain-marie ou au four à micro-ondes (1 min 30).
3. Quand le chocolat est fondu, bien mélanger et ajouter les jaunes d'œufs.
4. Battre les blancs en neige ferme avec 1 pincée de sel au batteur.
5. Mélanger très délicatement les blancs avec le chocolat à l'aide d'un fouet en faisant de grands gestes doux pour que les blancs ne retombent pas.
6. Dès que la mousse est homogène, la verser dans un saladier et la mettre au frais au minimum 3 h avant de la déguster.

ASTUCES

• Vous pouvez présenter la mousse dans des coupes individuelles.
• Essayez de préparer cette mousse avec du chocolat blanc : faites fondre le chocolat blanc (250 g) sans eau, mélangez-le aux jaunes et poursuivez la recette.

MENU

RAPIDE

Salade d'endives aux pommes
Côtes d'agneau grillées, haricots verts
Mousse au chocolat

FAIT MAISON

Poulet rôti à la compote de pommes, p. 79
Flan aux carottes, p. 92
Mousse au chocolat

MUFFINS AUX MYRTILLES

Pour 4 à 6 personnes
Préparation : 10 min
Cuisson : 12 à 15 min

200 g de myrtilles (fraîches ou surgelées)
200 g de farine
1 sachet de levure chimique
50 g de sucre en poudre
60 g de beurre + 20 g (moules)
15 cl de lait
1 œuf
1 pincée de noix muscade (facultatif)
2 pincées de sel

1. Préchauffer le four à 210 °C (th. 7).
2. Faire fondre le beurre dans un bol 30 s au four à micro-ondes ou au bain-marie.
3. Dans une terrine, mélanger la farine, le sel, le sucre et la levure chimique, ajouter alors le lait, l'œuf et le beurre fondu. Ajouter la pincée de noix muscade.
4. Choisir des petits moules à muffins ronds. Dans chaque moule beurré, verser 1 cuil. à soupe de pâte, 1 cuil. à soupe de myrtilles (si elles sont surgelées, ne pas les faire décongeler) et terminer par 1 cuil. à soupe de pâte.
5. Placer au four chaud et laisser cuire pendant 12 à 15 min.
6. Servir les muffins tièdes ou froids.

Variante

Muffins aux groseilles. Remplacez les myrtilles par des groseilles fraîches ou surgelées.

IDÉE GOURMANDE

Servez ces petits gâteaux anglais avec le thé au moment du goûter.

MENU

RAPIDE	FAIT MAISON	GOÛTER
Radis Poisson pané, épinards Fromage Muffins aux myrtilles	Soupe orange du jardin, p. 54 Œufs au plat Salade aux croûtons et à la mimolette Muffins aux groseilles	Punch en pastèque, p. 147 Muffins aux myrtilles

ORANGES GIVRÉES

Pour 4 personnes
Préparation : 15 min
Congélation : 2 h
Cuisson : 10 min

4 oranges
125 g de sucre en poudre

1. Placer le sucre avec 12,5 cl d'eau dans une casserole. Faire bouillir et laisser cuire 5 min à feu doux. Éteindre le feu.
2. Couper les oranges au tiers de leur hauteur, cela formera un chapeau. Au dessus d'une assiette profonde, creuser l'intérieur des oranges avec un couteau et garder le jus obtenu. Laisser la chair dans les oranges ou la jeter.
3. Mélanger le jus des oranges et le sirop de sucre, placer ce jus dans la sorbetière.
4. Quand le sorbet est pris, le répartir dans les 4 écorces d'orange ; couvrir avec le chapeau et mettre au congélateur.
5. *Sans sorbetière* : mettre le mélange dans le congélateur et après 2 h gratter avec une fourchette pour former des paillettes et transvaser les paillettes dans les oranges. Les mettre au congélateur.
6. Sortir les fruits givrés 30 min avant de les déguster.

Variante
Mandarines givrées. Comptez 2 mandarines par personne et procédez de la même façon.

ASTUCE

Un dessert riche en vitamines et sans gras.

MENU

RAPIDE	FAIT MAISON
Salade verte aux noix et au comté	Mâche
Poissons panés, riz	Filets mignons de porc gratiné, p. 65
Oranges givrées	Purée de pois cassés, p. 100
	Fromage
	Oranges givrées

PAIN PERDU

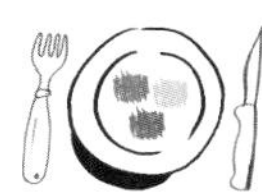

Pour 4 personnes
Préparation : 5 min
Cuisson : 5 min

4 tranches de pain dur
2 œufs
25 cl de lait
2 cuil. à soupe de beurre
Sucre en poudre ou cassonade

1. Casser les œufs dans une assiette creuse et mélanger vivement à l'aide d'une fourchette.

2. Verser le lait dans une autre assiette creuse.

3. Tremper chaque tartine dans le lait puis dans l'œuf battu et les réserver.

4. Faire chauffer la poêle et y faire fondre le beurre. Quand il mousse, y déposer les tartines trempées. Faire cuire d'abord à feu vif, puis à feu doux. Retourner les tartines quand le premier côté est doré. Saupoudrer de sucre ou de cassonade et laisser quelques secondes dans la poêle pour que le sucre caramélise.

5. Quand les tartines sont cuites des 2 côtés, les servir immédiatement.

IDÉES GOURMANDES

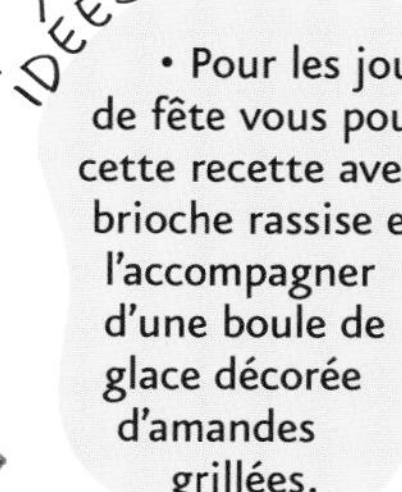

• Pour les jours de fête vous pouvez faire cette recette avec de la brioche rassise et l'accompagner d'une boule de glace décorée d'amandes grillées.

• Voici un moyen délicieux de ne gâcher du vieux pain (ou de la brioche) rassis. Vous pouvez le servir au goûter ou après un repas léger.

MENU

RAPIDE	FAIT MAISON
Escalopes de poulet, ratatouille	Soupe orange du jardin, p. 54
Fromage	Côte de porc, haricots verts
Pain perdu	Pain perdu

PÊCHES EN PAPILLOTE

Pour 4 personnes

Préparation : 10 min

Cuisson : 10 min

4 pêches bien mûres
8 cuil. à café de gelée de groseille
4 cuil. à café de beurre
4 cuil. à café d'amandes effilées
12 framboises (facultatif)

1. Préchauffer le four à 240 °C (th. 8).

2. Découper 4 grandes feuilles dans du papier cuisson.

3. Éplucher les pêches. Si elles sont difficiles à éplucher, les tremper 1 min dans de l'eau bouillante avant de les peler. Les couper en tranches.

4. Installer 1 pêche coupée en tranches au centre de chaque feuille.

5. Ajouter alors 2 cuil. à café de gelée de groseille, 1 cuil. à café de beurre, 1 cuil. à café d'amandes effilées et 3 framboises. Refermer chaque papillote et serrer les 2 extrémités avec du raphia, les papillotes ressemblent alors à de gros bonbons.

6. Enfourner pour 10 min.

7. Servir tiède 5 à 10 min après la sortie du four.

Variante

Poires en papillote. Procédez de la même façon avec 4 poires.

MENU

RAPIDE	FAIT MAISON
Poulet rôti, pommes de terre sautées	Salade de tomates
Salade, fromage	Saumon en papillote et au lard, p. 82
Pêches en papillote	Purée verte, p. 56
	Fromage et pain
	Pêches en papillote

PETITS SABLÉS EN FORME

Pour 4 personnes
Préparation : 20 min
Repos au frais : 30 min
Cuisson : 10 min

300 g de farine
200 g de beurre + 20 g (plaque)
1 jaune d'œuf
100 g de sucre en poudre
2 pincées de sel

1. Faire ramollir le beurre dans un bain-marie ou 30 s au four à micro-ondes.
2. Mélanger la farine, le sel, et le sucre, ajouter le beurre mou (mais pas fondu) et le jaune d'œuf. Si possible, laisser reposer la pâte 30 min au réfrigérateur.
3. Préchauffer le four à 210 °C (th. 7).
4. Étaler la pâte finement sur une planche farinée avec le rouleau à pâtisserie.
5. Découper les formes de votre choix (s'il n'y a pas d'emporte-pièce, on peut utiliser une tasse à café) et les déposer sur une plaque beurrée allant au four.
6. Faire cuire 10 min environ, les sablés doivent être très légèrement dorés.
7. Quand ils sont tièdes, les détacher de la plaque et les présenter joliment dans une coupelle ou un plat.

ASTUCES

- Ces sablés peuvent se garder quelques jours dans une boîte en fer.
- Ces délicieux biscuits peuvent être de la forme de votre choix : il suffit de choisir les emporte-pièces souhaités. Par exemple, utilisez des étoiles pour Noël, des cloches pour Pâques, des citrouilles pour Halloween…

MENU

RAPIDE	FAIT MAISON	GOÛTER
Pamplemousse rose Steak haché, gratin de pommes de terre Yaourt et sablés	Salade de mâche et betterave Saumon sauce citron, p. 83 et blé cuit Petits-suisses et petits sablés en forme	Milk-shake à la banane, p. 145 Petits sablés en forme

RIZ AU LAIT

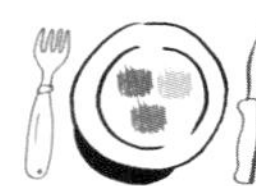

Pour 4 personnes
Préparation : 20 min
Cuisson : 50 min

100 g de riz rond
1 litre de lait
3 œufs
125 g de sucre en poudre
1 sachet de sucre vanillé

1. Faire chauffer 1 litre d'eau dans une casserole. Quand il bout, verser le riz et le laisser cuire pendant 5 min. Après ce temps, égoutter le riz et jeter l'eau.
2. Placer le riz à nouveau dans la casserole avec le sucre et le lait, bien mélanger, faire bouillir puis baisser le feu. Laisser cuire pendant 40 min à feu doux avec un couvercle.
3. Casser les œufs dans un saladier, ajouter le sucre vanillé, mélanger avec un fouet et verser le riz au lait dessus. Mélanger. Replacer le mélange dans la casserole et remettre à cuire en tournant toujours. Dès qu'il y a des bouillons, arrêter la cuisson et continuer de tourner.
4. Reverser le tout dans le saladier, laisser refroidir et placer au frais jusqu'au moment de servir.

ASTUCE

Vous pouvez ajouter 100 g de raisins secs après 30 min de cuisson, ou servir le riz au lait avec un coulis de fruit.

MENU

RAPIDE	FAIT MAISON
Salade Saumon fumé et toasts Riz au lait	Escalopes de poulet sauce moutarde, p. 62 Haricots verts Riz au lait

ROSES DES SABLES

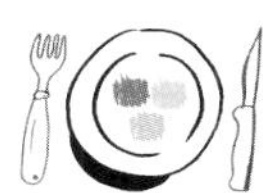

Pour 4 personnes
Préparation : 10 min
Repos au frais : 1 h

100 g de beurre
150 g de chocolat noir à 60 % de cacao
100 g de corn-flakes
50 g de sucre glace

1. Faire fondre le chocolat et le beurre au four à micro-ondes.
2. Mélanger le beurre et le chocolat pour obtenir une pâte bien lisse et ajouter les corn flakes et le sucre glace.
3. Sur une grande feuille de papier aluminium, former des petits tas avec 2 cuillères à café. On peut aussi placer les roses des sables dans des petites caissettes en papier.
4. Entreposer 1 h au frais avant de déguster.

IDÉE GOURMANDE

Ajoutez 40 g d'amandes éffilées, grillées à sec.

MENU

RAPIDE	FAIT MAISON	GOÛTER DE FÊTES
Pastèque	Salade 3 couleurs, p. 50	Malibu, p. 144
Côte d'agneau, ratatouille	Jambon et épinards	Roses des sables
Fromage	Fromage	Muffins aux myrtilles, p. 129
Roses des sables	Roses des sables	

SALADE DE FRUITS EN ROBE D'ANANAS

Pour 4 personnes
Préparation : 20 min
Pas de cuisson

1 bel ananas mûr
1/2 citron (jus)
3 cuil. à soupe de sucre en poudre
3 sortes de fruits au choix :
2 kiwis
2 bananes
250 g de fraises
2 poires
3 clémentines

1. Couper l'ananas en deux dans le sens de la longueur, en allant de la base vers les feuilles (ce sera plus facile avec un couteau électrique).
2. Creuser les 2 demi-ananas, enlever la partie centrale dure.
3. Couper la chair de l'ananas en morceaux et les placer dans un saladier. Ajouter les fruits choisis épluchés et émincés et les arroser du jus du 1/2 citron (cela évitera qu'ils noircissent).
4. Bien mélanger et saupoudrer de sucre en poudre.
5. Placer la salade dans les demi-coques d'ananas et mettre au frais jusqu'au moment de servir.

ASTUCE

Pour un jour de fête vous pouvez utiliser les ananas Victoria plus petits, plus parfumés et plus juteux. Comptez alors 1/2 ananas par personne et chacun aura une demi-coque dans son assiette.

MENU

RAPIDE	FAIT MAISON
Salade verte aux œufs durs Hachis parmentier Fromage Salade de fruits en robe d'ananas	Flan de thon au coulis de tomates, p. 66, blé cuit Salade de fruits en robe d'ananas

SORBET AUX FRAISES

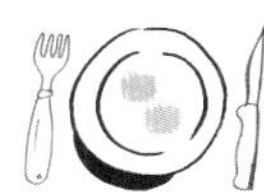

Pour 4 personnes
Préparation : 15 min
Congélation : 6 h
Cuisson : 5 min

500 g de fraises
150 g de sucre en poudre
1 citron (jus)

1. Verser 25 cl d'eau et le sucre dans une casserole et laisser bouillir pendant 5 min. Arrêter le feu.
2. Laver les fraises, les équeuter, les couper en morceaux et hors du feu, les mettre dans la casserole.
3. Mixer le mélange afin de former une purée puis ajouter le jus de citron et mélanger.
4. Laisser refroidir avant de placer dans la sorbetière afin que la glace prenne.
5. Sans sorbetière : placer le mélange au congélateur dans un grand bol et le ressortir toutes les 2 h environ pour mixer la purée au fur et à mesure qu'elle se solidifie. Il faut mixer deux ou trois fois. Arrêter quand la glace est solide : cela permettra au sorbet d'être onctueux et de ne pas former de paillettes.

Variantes

Le sorbet peut être réalisé avec des framboises, des poires, des abricots au sirop (dans ce cas, remplacez l'eau et le sucre par le sirop des abricots).

MENU

RAPIDE	FAIT MAISON
Choucroute garnie	Salade verte
Yaourt	Hamburger, p. 68
Sorbet aux fraises	Fromage
	Sorbet aux fraises

TARTE AU CHOCOLAT

Pour 4 personnes

Préparation : 15 min

Cuisson : 25 min

250 g de pâte feuilletée pur beurre, prête à dérouler
200 g de chocolat noir à 60 % de cacao
100 g de sucre en poudre
3 œufs
20 cl de crème fraîche
20 g de beurre (moule)
1 sachet de sucre vanillé

1. Préchauffer le four à 180 °C (th. 6).
2. Étaler la pâte feuilletée sur un moule à tarte beurré.
3. Faire fondre le chocolat coupé en petits morceaux avec 2 cuil. à soupe d'eau au four à micro-ondes ou au bain-marie.
4. Quand il est fondu, étaler le chocolat sur la pâte feuilletée.
5. Mélanger les œufs, le sucre en poudre, la crème fraîche et le sucre vanillé dans un saladier.
6. Verser la préparation sur le chocolat et faire cuire au four pendant 20 à 25 min.
7. La tarte est meilleure tiède.

ASTUCE

Vous pouvez mettre 3 poires pelées, coupées en morceaux avant le chocolat.

MENU

RAPIDE	FAIT MAISON
Salade de concombre	Radis
Steak, poêlée de légumes	Cabillaud au four, gratin de courgettes, p. 94
Fromage	
Tarte au chocolat	Tarte au chocolat et aux poires

TARTE AUX POMMES

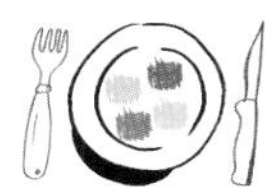

Pour 4 personnes

Préparation : 15 min

Cuisson : 35 min

250 g de pâte sablée ou feuilletée pur beurre, prête à dérouler
1 kg de pommes à cuire (boskoop, canada, reinette)
100 g de sucre en poudre
2 œufs
20 cl de crème fraîche
20 g de beurre (moule)

1. Préchauffer le four à 210 °C (th. 7).
2. Étaler la pâte sur un moule à tarte beurré.
3. Éplucher et couper les pommes en tranches ou en cubes et les ranger joliment sur le fond de tarte.
4. Dans une terrine, mélanger les œufs, le sucre en poudre et la crème fraîche. Verser cette préparation sur les pommes.
5. Faire cuire 35 min au four.
6. Servir la tarte tiède, elle sera encore meilleure (si elle est préparée à l'avance, la mettre quelques minutes au four avant de la servir).

ASTUCE

Vous pouvez remplacer les pommes par des poires.

MENU

RAPIDE	FAIT MAISON
Rôti de veau, haricots verts	Salade grecque, p. 49
Fromage et pain	Saucisse et pommes de terre
Tarte aux pommes	Tarte aux pommes

TRUFFES AU CHOCOLAT

Pour 4 personnes
Préparation : 20 min

125 g de chocolat noir à 70 % de cacao
1 cuil. à soupe de lait
1 jaune d'œuf
75 g de beurre mou
2 cuil. à soupe de sucre glace

Pour la décoration :
Cacao amer en poudre
Noix de coco râpée
Vermicelles au chocolat ou de couleur

1. Faire fondre le chocolat coupé en morceaux avec le lait 2 min au four à micro-ondes.
2. Ajouter le beurre mou et bien mélanger, puis ajouter le sucre glace et le jaune d'œuf.
3. Mettre le mélange au frais au moins 1 h pour qu'il durcisse.
4. Verser quelques cuillerées à café de cacao amer dans une assiette.
5. À l'aide d'une petite cuillère et des mains, former des petites boules avec la pâte et les rouler dans le cacao (ou la noix de coco, ou les vermicelles).

ASTUCE MARCHÉ

Choisissez un très bon chocolat, afin de garantir une dégustation parfaite.

IDÉE CADEAU

Vous pouvez placer les truffes dans de petites caissettes en papier et les offrir.

MENU

RAPIDE	FAIT MAISON
Salade de surimi au kiwi	Salade de crevettes au kiwi, p. 48
Lasagnes	Croque-monsieur, haricots verts
Yaourt	Fromage blanc à la noix de coco, p. 117
Truffes au chocolat	Truffes au chocolat

LES BOISSONS

BOISSON ONCTUEUSE
À L'ORANGE GIVRÉE

Pour 4 personnes
Préparation : 5 min
Pas de cuisson

50 cl de bon jus d'orange
50 cl de lait demi-écrémé
2 cuil. à soupe de sirop de grenadine

Le givrage :
2 cuil. à soupe de sirop de grenadine
2 cuil. à soupe de sucre en poudre

1. Mélanger le lait, le jus d'orange et le sirop de grenadine.
2. Ajouter quelques glaçons et servir aussitôt dans de grands verres givrés avec une paille (ne pas trop attendre : l'acidité de l'orange peut faire cailler le lait).

Givrer les verres

1. Verser 2 cuil. à soupe de sirop de grenadine dans une assiette, et le sucre en poudre dans une autre assiette.
2. Tremper le bord du verre dans le sirop puis dans le sucre afin que celui-ci colle grâce à la grenadine. Recommencer avec les autres verres. Placer les verres vides au congélateur.
3. Au dernier moment, sortir les verres et les remplir.

INFO SANTÉ

Voici une boisson toute douce riche en calcium et en vitamines.

BOISSON PÉTILLANTE POMME-ORANGE

Pour 4 personnes
Préparation : 5 min
Pas de cuisson

50 cl d'eau gazeuse
25 cl de jus de pomme
25 cl de jus d'orange

1. Mélanger les jus d'orange et de pomme dans une carafe, ajouter l'eau gazeuse et servir bien frais avec un glaçon.
2. On peut servir dans des verres givrés (voir Boisson onctueuse à l'orange givrée ci-contre).

ASTUCE

• Attention, préparez cette boisson au dernier moment sinon le gaz s'échappera et perdra toutes ses bulles.
• C'est un délicieux soda, bien meilleur pour la santé que ceux achetés dans le commerce et deux fois moins sucré !

MALIBU

Pour 4 personnes
Préparation : 5 min
Pas de cuisson

25 cl de jus de raisin noir
25 cl de jus d'orange
25 cl de lait de coco
2 cuil. à soupe de sirop d'orange

1. Mélanger tous les ingrédients dans une carafe et placer le cocktail au frais jusqu'au moment de servir.
2. Pour une jolie présentation, on peut givrer les verres en utilisant du sirop d'orange au lieu du sirop de grenadine (voir Boisson onctueuse à l'orange givrée p. 142).

ASTUCE MARCHÉ

Vous trouverez le lait de coco au rayon exotique.

MILK-SHAKE À LA BANANE

Pour 4 personnes
Préparation : 5 min
Pas de cuisson

1 litre de lait demi-écrémé
3 bananes
4 cuil. à soupe de sucre

1. Éplucher les bananes, les couper en rondelles et les mettre dans un récipient.
2. Ajouter le sucre et le lait. Mixer la préparation et servir aussitôt dans des grands verres avec une paille et des glaçons.

ASTUCE

N'attendez pas trop pour servir cette boisson, la banane pourrait noircir.

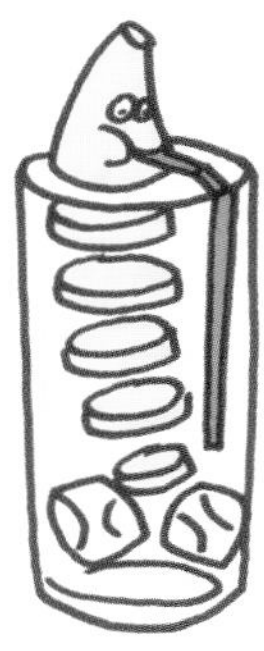

MILK-SHAKE À LA FRAISE

Pour 4 personnes
Préparation : 5 min
Pas de cuisson

1 litre de lait demi-écrémé
250 g de fraises
4 cuil. à soupe de sucre en poudre

1. Laver les fraises, les équeuter, les couper en morceaux (garder 4 fraises pour la décoration) et les mettre dans un récipient. Ajouter le sucre et le lait. Mixer la préparation et verser dans des grands verres, ajouter une paille et des glaçons.
2. Fendre une fraise sans aller jusqu'au bout et la glisser sur le bord du verre pour décorer le milk-shake. Servir.

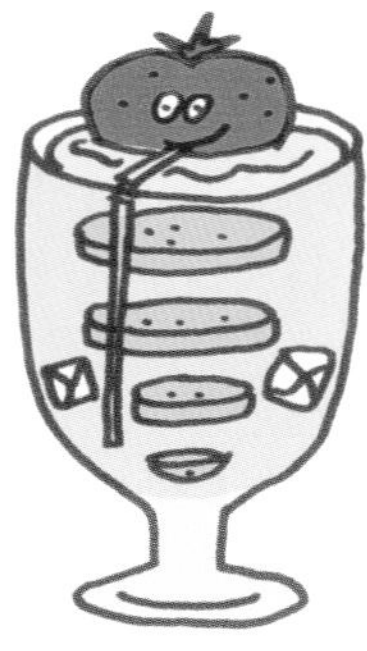

PUNCH EN PASTÈQUE

Pour 4 personnes

Préparation : 15 min

Pas de cuisson

1 belle pastèque (2 à 3 kg)
250 g de fraises
2 kiwis
1 litre de jus d'orange bien froid
4 cuil. à soupe de sirop de grenadine

1. Couper le haut de la pastèque afin de former un grand chapeau et creuser l'intérieur avec une cuillère en faisant bien attention de ne pas percer la peau de la pastèque. Couper la chair en cubes. Ne pas oublier d'enlever les pépins. Ne pas ajouter le jus de la pastèque, car il est un peu fade.
2. Laver les fraises, les équeuter et les couper en quatre, éplucher les kiwis et les couper en fines tranches (en garder quelques-unes pour la décoration). Les mélanger aux cubes de pastèque.
3. Ajouter le jus d'orange et le sirop. Verser le mélange dans la pastèque évidée et placer les rondelles de kiwi restantes coupées à moitié sur le bord de la pastèque, ajouter quelques glaçons si nécessaire. Servir le punch dans des verres ou mettre plusieurs pailles dans la pastèque, chacun aspire à volonté.

ASTUCES

- **Si la pastèque fait plus de 3 kg, augmentez les proportions de jus et de fruits.**
- **Vous pouvez préparer cette boisson à l'avance et la réserver au frais quelques heures avant de servir.**

SANGRIA

Pour 4 personnes

Préparation : 10 min

Pas de cuisson

1 litre de jus de raisin noir
2 pêches bien mûres
1 poire
2 oranges
1 bâton de cannelle (facultatif)

1. Éplucher les fruits. Si les pêches sont difficiles à éplucher, il suffit de les plonger 1 min dans une casserole d'eau bouillante, la peau sera plus facile à retirer.

2. Couper les fruits en petits cubes, les mettre dans une carafe, ajouter le bâton de cannelle et le jus de raisin. Placer la carafe au frais quelques heures avant de servir.

LES RECETTES DE BASE

COULIS DE FRAMBOISE

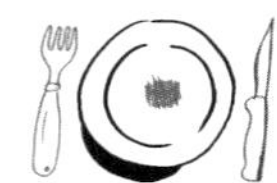

Pour 4 personnes
Préparation : 5 min
Pas de cuisson

1 boîte de framboises au sirop
1/2 citron (jus)

1. Ouvrir la boîte de framboises et la verser dans un saladier à bords hauts.
2. Mixer les framboises avec le jus de citron et filtrer à travers une passoire pour enlever les grains.
3. C'est prêt !

Variantes

Coulis de fraise. Procédez de la même façon avec 300 g de fraises fraîches, 100 g de sucre en poudre et le jus de 1/2 citron.
Coulis de mangue. Procédez de la même façon avec 300 g de mangue fraîche ou surgelée (ou bien encore avec 1 boîte de mangue au sirop), 100 g de sucre en poudre et le jus de 1/2 citron.

IDÉE PRATIQUE

Ce coulis peut être réalisé avec des framboises fraîches ou surgelées. Dans ce cas, utilisez 300 g de framboises, 100 g de sucre en poudre et le jus de 1/2 citron. Passez le tout au mixeur.

ASTUCE GOURMANDE

Vous pouvez utiliser ce coulis pour agrémenter des glaces ou une salade de fruits.

MENU

RAPIDE

Assiette de charcuterie et pain
Salade frisée aux noix et croûtons
Yaourt nature,
coulis de framboise

FAIT MAISON

Betteraves en salade
Poisson pané maison, p. 76
Purée verte, p 102
Glace à la vanille, p. 123
et coulis de framboise

MAYONNAISE

Pour 4 personnes
Préparation : 5 min
Pas de cuisson

1 jaune d'œuf
1 cuil. à café de moutarde de Dijon
1 cuil. à café de vinaigre de vin
20 cl d'huile de colza (ou autre huile neutre)
Sel, poivre du moulin

1. Pour réussir la mayonnaise, il faut que l'œuf soit à la même température que l'huile, il faut donc le sortir du réfrigérateur 1 h avant de l'utiliser.
2. Mettre le jaune d'œuf dans un bol. Ajouter la moutarde, le vinaigre et du sel. Mélanger doucement toujours dans le même sens avec un fouet puis verser goutte à goutte l'huile tout en mélangeant. La mayonnaise « prend », continuer à ajouter l'huile tout doucement en remuant.
3. Quand la mayonnaise est terminée, ajouter du poivre et goûter pour vérifier s'il manque du sel.

Variantes

Mayonnaise au citron. Remplacez le vinaigre par la même quantité de jus de citron et quand la mayonnaise est prête, ajoutez 2 autres cuil. à café de jus de citron (c'est délicieux avec des crevettes ou du poisson froid).
Mayonnaise aux herbes. Ajoutez 2 cuil. à soupe de crème fraîche allégée et 3 cuil. à soupe d'herbes ciselées (ciboulette, estragon, persil plat, etc.).
Mayonnaise au ketchup. Ajoutez 2 cuil. à soupe de ketchup à la mayonnaise. C'est très bon avec de la viande chaude ou froide.

ASTUCE DU CHEF

On voit tout de suite si la mayonnaise « tourne », car le mélange n'est pas homogène. Dans ce cas, mettre 1 cuil. à café de moutarde dans un autre bol et ajouter peu à peu le mélange de la première mayonnaise tournée qui doit prendre.

INFO SANTÉ

Utilisez de l'huile de colza ou un mélange de 4 huiles (qui sont riches en Oméga 3), elles vous apporteront de bons acides gras.

PAIN

Pour 4 personnes

Préparation : 25 min

Repos de la pâte : 3 h

Cuisson : 1 h

500 g de farine blanche ou complète
35 cl d'eau
1 sachet de levure de boulanger
1 cuil. à café rase de sel

Avec un robot ménager

1. Placer la farine dans le bol du robot, ajouter l'eau et le sel, mettre en route l'appareil et pétrir la pâte pendant 10 min. Ajouter la levure (bien lire les instructions de l'emballage, parfois il faut d'abord diluer la levure dans un peu d'eau tiède, ou l'utiliser directement dans la préparation).

Sans robot ménager

Bien mélanger la farine avec le sel, l'eau et la levure. Pétrir longuement la pâte : former une boule, l'installer sur une planche et la malaxer pendant 10 min.

2. Laisser reposer la pâte 2 h à température ambiante dans un saladier recouvert d'un torchon. S'il fait un peu froid, mettre la pâte sur un radiateur, elle gonflera plus vite.

3. Après ce temps de levée, prendre la pâte et former une boule bien ronde, la poser sur une plaque allant au four. On peut aussi mettre la pâte dans un moule à cake huilé (pour démouler plus facilement). On peut également former des petits pains individuels.

4. Laisser reposer à nouveau 1 h.

5. Préchauffer le four à 210 °C (th.7).

6. Mettre au four 1 h pour un pain unique et 30 min pour des petits pains individuels.

Variantes

En fin de pétrissage, vous pouvez ajouter un ingrédient supplémentaire :
Pain aux noix. Ajoutez 100 g de noix.
Pain aux raisins secs. Ajoutez 100 g de raisins secs.
Pain au chocolat. Ajoutez 100 g de pépites de chocolat.

INFO SANTÉ

Le pain est un excellent aliment, composé seulement de farine, de levure et de sel. Il ne contient pas de gras. Savez-vous que 100 g de pain apportent environ 270 kcal ? Alors que 100 g de biscuits au chocolat apportent 500 kcal (dont 22 g de lipides) !

Au goûter :
80 g de pain +
20 g de chocolat = 320 kcal
alors que :
100 g de cookies = 510 kcal
Soit presque 2 fois plus !

MENU

RAPIDE	FAIT MAISON
Salade verte	Panier de légumes à croquer, p. 45
Pain aux noix, fromage variés	Pâté, pain aux raisins secs
Compote d'abricot	Crumble aux pommes et aux noix, p. 113

PÂTE BRISÉE

Pour 4 personnes
Préparation : 10 min
Repos au frais : 30 min
Pas de cuisson

200 g de farine
100 g de beurre mou ou de margarine
1 œuf (pas trop gros)
1/2 cuil. à café rase de sel

1. Mettre la farine dans le robot ou dans un saladier, ajouter le beurre en petits morceaux, l'œuf, le sel et 3 cuil. à soupe d'eau. Mélanger 30 s avec le robot ou à la main. Ne pas trop mélanger la pâte, elle sera meilleure. Laisser reposer la pâte 30 min au frais.

2. Fariner une planche à pâtisserie, étaler finement la pâte avec un rouleau et l'installer dans un moule à tarte beurré. Si la pâte se « casse », ce n'est pas grave, la recoller dans le moule en assemblant les morceaux entre eux.

3. Sans rouleau à pâtisserie, on peut utiliser une bouteille, ou bien étaler finement la pâte avec les doigts directement dans le moule à tarte.

ASTUCES

- Vous pouvez doubler les proportions et congeler la moitié, déjà étalée dans un moule. Voilà un fond de tarte à utiliser en cas d'imprévu !
- La pâte brisée est bien meilleure quand on la prépare soi-même.

PÂTE SABLÉE

Pour 4 personnes
Préparation : 10 min
Repos au frais : 30 min
Pas de cuisson

300 g de farine
150 g de beurre mou
100 g de sucre en poudre
1 œuf (pas trop gros)

1. Placer la farine et le sucre dans le robot ou dans un saladier, ajouter le beurre en petits morceaux et l'œuf. Mélanger 30 s avec le robot ou à la main. Ne pas trop mélanger pour que la pâte soit meilleure.
2. Laisser reposer la pâte 30 min au frais.
3. Fariner une planche à pâtisserie, étaler finement la pâte avec un rouleau et l'installer dans un moule à tarte beurré. Si la pâte se « casse », ce n'est pas grave, la recoller dans le moule en assemblant les morceaux entre eux.
4. Sans rouleau à pâtisserie on peut utiliser une bouteille, ou bien étaler finement la pâte avec les doigts directement dans le moule à tarte.

ASTUCES

- **La pâte sablée « maison » est meilleure que celle du commerce.**
- **Vous pouvez aussi confectionner des petits sablés avec cette pâte et les garnir de confiture ou de chocolat.**

SAUCE BÉCHAMEL

Pour 4 personnes
Préparation : 10 min
Cuisson : 5 min

50 g de farine
50 g de beurre
40 cl de lait
Sel, poivre du moulin

1. Dans une casserole, faire fondre le beurre à feu doux, ajouter la farine et mélanger avec un fouet ou une cuillère en bois. Laisser cuire 2 min environ en tournant sans arrêt. Retirer la casserole du feu, verser d'un seul coup le lait et bien mélanger.

2. Replacer la casserole sur le feu et faire cuire en remuant sans arrêt. La sauce est prête quand elle devient épaisse. À ce moment-là, retirer la casserole du feu et ajouter du sel et du poivre. On peut ajouter du fromage râpé (75 g) pour les gratins.

Idée recette : le chou-fleur au gratin

1. Faire cuire les bouquets de chou-fleur dans de l'eau bouillante salée (25 min).
2. Égoutter le chou-fleur et déposer les morceaux dans un plat à gratin.
3. Recouvrir de sauce béchamel au fromage et faire gratiner 25 min à four chaud (210 °C, th. 7). Vous pouvez varier ce gratin en utilisant des carottes, des épinards, etc.

ASTUCE

Cette sauce sert pour de nombreuses préparations culinaires, elle est simple à faire. Lorsque l'on ajoute du fromage râpé, la béchamel devient la sauce Mornay.

MENU

RAPIDE

Potage de légumes
Pâtes gratinées à la béchamel et au jambon
Fromage blanc avec dés de poire

FAIT MAISON

Soupe rouge, p. 55
Chou-fleur et pommes de terre à la sauce béchamel, œuf mollet
Yaourt

TABLEAU DES ÉQUIVALENCES EN POT DE YAOURT

Voici un tableau d'équivalence de mesures avec des pots de yaourt de 125 g qui pourra vous aider si vous ne possédez pas de balance. Utilisez un pot de yaourt en verre vide qui vous servira de mesure pour les différentes recettes.

Poids/volume	Produit	Pot de yaourt
50 g	Sucre en poudre	5 cuil. à soupe rases
75 g	Sucre en poudre	1/2 pot + 2 cuil. à soupe rases
100 g	Sucre en poudre	3/4 de pot
125 g	Sucre en poudre	1 pot
150 g	Sucre en poudre	1 pot + 5 cuil. à soupe rases
90 g	Sucre glace	1 pot presque plein
200 g	Sucre glace	2 pots
100 g	Céréales type corn flakes	4 pots
100 g	Riz rond	1 pot
75 g	Farine	1 pot
100 g	Farine	1 pot + 1/3 pot
125 g	Farine	1 pot + 1/2 pot
150 g	Farine	2 pots
190 g	Farine	2 pots + 1/4 pot
200 g	Farine	2 pots + 1/2 pot
250 g	Farine	3 pots
300 g	Farine	4 pots
100 g	Noix de coco râpée	2 pots
150 g	Noix de coco râpée	3 pots
200 g	Semoule grain moyen	2 pots
100 g	Chapelure	1 pot + 1/2 pot
12,5 cl	Eau ou liquide	1 pot
15 cl	Eau ou liquide	1 pot + 2 cuil. à soupe
25 cl	Eau ou liquide	2 pots
35 cl	Eau ou liquide	3 pots presque pleins
40 cl	Eau ou liquide	3 pots
50 cl	Eau ou liquide	4 pots
1 litre	Eau ou liquide	8 pots
1,5 litre	Eau ou liquide	12 pots
10 cl	Huile	3/4 pot
20 cl	Huile	1 pot + 1/2 pot

1 SEMAINE DE MENUS

Choisissez un jour de la semaine, par exemple le jour du marché, pour prévoir vos menus de la semaine avec vos enfants. Vous pouvez vous aider de ce planning (en le découpant ou le photocopiant).
Si votre enfant déjeune à la cantine, pensez à vous procurer les menus auprès de l'intendant de l'établissement scolaire, cela vous permettra de créer des repas variés. Passez un contrat avec votre enfant : il se devra de respecter les menus équilibrés que vous aurez élaborés ensemble. Cela le responsabilisera dans sa volonté d'apprendre à mieux se nourrir.

LUNDI

MARDI

MERCREDI

JEUDI

VENDREDI

SAMEDI

DIMANCHE

INDEX

INDEX DES RECETTES PAR PRODUITS

Les recettes suivies de (V) sont des variantes

LÉGUMES

HERBES ET ÉPICES

FRUITS

VIANDES ET VOLAILLES

PRODUITS DE LA MER

LAITAGES

INDEX ALPHABÉTIQUE DES RECETTES

Les recettes suivies de (V) sont des variantes

B

C

D

E

F

G

H

J

L

M

O

P

Q

R

S

T

V

INDEX DES RECETTES RÉALISABLES PAR VOTRE ENFANT

Les recettes suivies de (V) sont des variantes

Recettes sans cuisson

Recettes avec cuisson

MERCI À

- Marc qui m'oblige à me surpasser... pour ne plus entendre « Chez Maman c'est meilleur » ;
- Sylvain qui a fini par se laisser apprivoiser par les légumes et autres bonnes choses ;
- Cécile, toujours ouverte à la nouveauté, qui goûte et donne un jugement sûr ;
- Victoire qui dévore quand c'est bon et à qui j'ai chipé la recette du gâteau de crêpes ;
- Florian, mon apprenti chéri ;
- Gilles et Damienne, c'est grâce à leur enthousiasme que ce livre existe ;
- Bertrand Favreul qui m'a ouvert au monde de l'édition ;
- Laure Paoli et Myrtille Chareyre avec qui ce fut un plaisir de travailler dans une connivence gourmande ;
- Sœur Emmanuelle, mon maître à penser.

AUX ÉDITIONS ALBIN MICHEL

LE livre de cuisine
Andrée Zana-Murat

Le Vin se met à table
Sandrine Audegond

Les Écrivains aux fourneaux
Patricia Lepic

Ils arrivent dans 1 heure !
Andrée Zana-Murat

Moi, je cuisine solo ou duo !
Brigitte Namour

La Cuisine de Julie
Julie Andrieu

Moi, je prépare tous mes dîners la veille
Dominique Combet

Les Jules aux fourneaux
Christian de Rivière / Charles-Henry de Valbray

Tout cru
Julie Andrieu

Le Poisson pris dans ses filets
Brigitte Namour

Ce soir on dîne à la maison
Andrée Zana-Murat / Marion Scali

Petits riens, grands festins
Antoine Herbez

Moi, je cuisine vert et gourmand
Brigitte Namour

La Cuisine expliquée à ma mère
Julie Andrieu

Les Charlottes de Charlotte
Charlotte Boistel-Bombeke

Du poulet, s'il vous plaît !
Catherine Lacouberie

L'Œuf, comme il vous plaira !
Yette Deblicker / Sylvie Jolly

Sauce qui peut
Nicolas Vigne

Moi, je cuisine sans sel mais avec saveur
Nicole H.-Rimbault

Les Plats du jour de Lulu
Lucette Rousseau

La Grande cuisine française casher
Michel Gottdiener

La Saison des confitures
Véronique Le Normand

Caprices de chocolat
Frédéric Bau

Collection « De mère en fille »

La Cuisine marocaine de mère en fille
Touria Agourram

La Cuisine provençale de mère en fille
Marion Payan

La Cuisine italienne de mère en fille
Leda Vigliardi Paravia

La Cuisine juive tunisienne de mère en fille
Andrée Zana-Murat

La Cuisine indienne de mère en fille
Anjali Mendès

La Cuisine corse de mère en fille
Sabine Cassel-Lanfranchi

Collection « Une petite faim »

Toutes douces, les mousses !
Catherine Lacouberie

Divines, les tartines !
Brigitte Namour

Craquants, les croustillants !
Brigitte Namour

Vite faites, les omelettes !
Brigitte Namour

Légères, les salades d'hiver !
Sandrine Audegond

Colorées, les purées !
Sandrine Audegond

Vite prêtes, les boulettes et galettes !
Catherine Lacouberie

Légers, les soufflés !
Catherine Lacouberie

Ensoleillées, les salades d'été !
Sandrine Audegond

Sans chichi, les farcis !
Catherine Lacouberie

Direction éditoriale : Laure Paoli
Conception graphique et réalisation : Stéphanie Le Bihan

Pour des raisons de lisibilité, nous avons choisi d'écrire les marques déposées avec une majuscule, sans les faire suivre du sigle ®.

22, rue Huyghens 75014 Paris
www.albin-michel.fr

Achevé d'imprimer en France sur les presses de Pollina, Luçon.
ISBN : 2-226-15725-5
Dépôt légal : mars 2005
N° d'édition : 23177
N° d'impression : L96176